ANTOLOGIA PERSONAL

Ж

PERSONAL ANTHOLOGY

ANTOLOGIA PERSONAL

POEMAS

gloria gómez guzmán

(una poeta huasteca)

PERSONAL ANTHOLOGY

POEMS

gloria gómez guzmán

(a huastecan poet)

Bric-a-Brac

Press

Bric-a-Brac Press

Copyright © 2008 Gloria Gómez Guzmán

Translation copyright © 2024 Rebecca Bowman

Cover design: Rebecca Bowman, using photographs by
Miguel Ángel Camero and Victor Hugo Martínez Saldierna

Book design: Rebecca Bowman

ISBN: 9781961136076

para Amaranta Arcadia

for Amaranta Arcadia

del libro

*No eran la epopeya de
estos años nuestros días
1981*

from the book

*Our Days Were Not
the Epic of Those Years
1981*

DEDICATORIA *(con lugares comunes de castilloalva Eluard y Tzara)* DE UN LIBRO...
ah

a las almibaradas torres sobre las tardes

proyectadas y sus pájaros con sed

al musgo en el tronco del solar baldío

a las vías ferroviarias donde trenes

alojan y pierden fragmentos de paisaje

a las viejas ciudades llenas de desconocidos

al árbol anciano y sus hijos floridos

a las aguas todas

a eso que

en modo alguno es

un sueño llamado nosotros

DEDICATIONS *(with trite sayings from castilloalva, Eluard and Tzara)* **FROM A BOOK** ...ah

to the honeyed towers projected over the
    afternoons

and their thirsty birds

to the moss on the trunk in the empty lot

to the rails where trains

lodge and lose fragments of the landscape

to the old cities full of strangers

to the ancient tree and its flowering children

to all the waters

to that

that somehow is

a dream called us

No seré el poeta de un mundo caduco

tampoco cantaré al mundo futuro

El tiempo es el material mío

el tiempo presente

los hombres presente

la vida presente

Carlos Drummond de Andrade

I won´t be the poet of a decrepit world

Nor will I sing the world of the future.

Time is my matter, present time, present people,

the present life

Carlos Drummond de Andrade

SIN ENTREGAR LAS ARMAS

WITHOUT HANDING OVER
OUR WEAPONS

SIN ENTREGAR LAS ARMAS

Go, my songs, seek your praise from the young

and from the intolerant

Ezra Pound

tendríamos que decir de aquellos años

en que todo parecía recién inaugurado

y jóvenes los hombres y dulces las mujeres que
　　éramos

saltábamos los muros

la vida era una roja bandera y esas cosas

entonces sí　　llovía la época sobre amapolas

éramos los dueños del futuro y esas cosas

tendríamos que contarles cómo amamos

como el sueño estableció su reino entre nosotros

dejar bien claro que estuvimos

palabra desde manos sucias

WITHOUT HANDING OVER
OUR WEAPONS

we'd have to say about those years

in which everything seemed recently inaugurated

and the men young and the women sweet that we
were then

we jumped over the walls

life was a red flag and those things

then yes   the age rained over poppies

we were the owners of the future and those things

we'd have to tell you how we loved

how the dream established its kingdom among us

to make it perfectly clear that we were

intentando derribar el muro

tendríamos que decir que somos

los sobrevivientes

de una década jodida

word from dirty hands

trying to tear down the wall

we'd have to say that we are

the survivors

of a fucked decade

en honor de Tzara

era el rrrrrugido

principio de siglo calentando motores

cansadamente

el hombre

allá

hipaba

de sus lágrimas caían relojes

mecánicos dentales

tempestades de hierro sombrío

tijeras y almacenes

pufffff cadenas

amor arrugaba faldas

incansablemente

se escupía sin odio

en los puntos bombardeados

se podía reir sin vomitar

era el principio

y el hombre lo sssssabía

in honor of Tzara

it was the rrrrroar

beginning of the century heating engines

tiredly

the man

there

hiccupped

from his tears fell clocks

dental mechanical

storms of somber iron

scissors and warehouses

poooffff chains

love wrinkled skirts

untiringly

one spit without hate

in the bombarded points

you could laugh without throwing up

it was the beginning

and the man knewww it

porque era un ciclista

casi un cartero

con las últimas noticias de los hombres

un poeta en este siglo

de desfallecidas rótulas

sobre la duela sucia

cayeron ojos en su nombre

iá   aá

sobre sus ruidos nfounfa

orejas múltiples se suicidaron

y entre carcajadas tibias entendimos

que las mismas cosas podían vivir

de otra manera

en las palabras

y las compuertas se abrieron ferozmente

ahogáronse los simples en el regocijo de los
    tiempos

vendría el hambre y tendría un color decible

oscuro y cierto

because he was a cyclist

almost a postman

with the latest news of men

a poet in this century

of weak kneecaps

on the dirty floorboard

eyes fell in his name

iá   aá

over his nfounfa noises

multiple ears committed suicide

and among lukewarm laughter we understood

that the same things could live

another way

in the words

and the dikes opened fiercely

the simple drowned in the rejoicing of the times

hunger would come and there would be a sayable
    color

dark and certain

nosotros

amaridados en el setenta

dotados de poemas y excelentes intenciones

pensábamos sobrevivir

llovía parejo en esos años

las paredes de la casa caerían

si las manos soltaban la palabra

y bueno

qué

estábamos dispuestos y sonriendo

nos hicimos una hija

y gritamos a los amigos

nuestros discos

nuestros héroes muertos antes del setenta

se nos podía mirar diciendo

los renglones de poemas nuevos

a las tres de la mañana

solos y puteando

en contra de la muerte

we

married up in the sixties

gifted with poems and excellent intentions

thought we would survive

it rained evenly in those years

the walls of the house would fall

if hands let loose the word

and well

what?

we were ready and smiling

we made ourselves a daughter

and shouted to our friends

our albums

our heroes who died before nineteen seventy

you could watch us saying

the lines of new poems

at three in the morning

alone and cussing

at death

mirando los ojos de la gente

preguntábamos

qué historia contarán las fotos de este tiempo

qué dios se pondrá de nuestro lado

qué amigos prestarán una pequeña ayuda

para que vivamos otros ojos

qué dura lluvia caerá y limpiará

las lodosas aceras de la historia

nunca fuimos niños flor en san francisco

no estuvimos en woodstock   ni en bolivia

los amigos que quisimos

se marcharon a otro continente

nuestros héroes vivos

se hicieron millonarios

la música de nuestro tiempo

sus palabras y las nuestras

todo en vano

la pared permanece

looking at people's eyes

we'd ask

what story will the photos of this time tell

what god will be on our side

what friends will lend us a little help

so we can live other eyes

what hard rain will fall and wash off

the muddy sidewalks of history

we were never flower children from san francisco

we weren't at woodstock   or Bolivia

the friends we loved

went off to another continent

our living heroes

became millionaires

the music of our time

its words and ours

all in vain

the wall persists

nosotros

padres melancólicos de ahora

que huyen de las multitudes ciegas en la calle

nosotros

pobres poetas de aquí

no entregaremos las armas

we

melancholic parents of today

fleeing the blind multitudes on the street

we

poor poets from here

will not hand over our weapons

por Amaranta Arcadia

cuando la hija de hombre y mujer nacida

tomó posesión de aire

nubes se aovillaron en las lindes

y la tiniebla huía

un estruendo clarísimo fue entre los seres

vivientes

y toda cosa inanimada bendijo su suerte

y todo tenía la apariencia de una premiere

de gala

cuando la hija de hombre y mujer nacida

salió a la calle en brazos de su madre

primavera envejeciendo

el sol altísimo

un verde primario y húmedo

lloró los ojos de hombre y mujer nacidos

en el sitio donde deben comenzar los sueños

when the daughter from man and woman born

took possession of the air

clouds rolled themselves into a ball on the
    boundaries

and the shadows fled

a very clear rumble spread among the living

beings

and every inanimate thing blessed its luck

and everything had the appearance of a gala

premiere

when the daughter from man and woman born

went out onto the street in the arms of her mother

Spring getting old

and the sun up so high

a primary and moist green

cried the eyes of man and woman born

in the place where dreams must begin

para jim morrison

que podría firmar esto

dile a toda la estúpida gente

que he vuelto

otra vez esta aurora hecha de prisiones

este hombre de ustedes para que se miren

hey tú

dile a toda esa pobre basura

 que he vuelto

for jim morrison

who could sign this

tell all the stupid people

that I've returned

again this aurora made of prisons

this man of yours so you can look at each other

hey you

tell all that poor trash

that I've returned

en este lado de país hambriento

con amor medido y sueños baratos

hemos crecido nuestros días

consignado sus huellas en hojas scribe

mimado sus restos en fotos bellísimas

largos cabellos en calles

brazos para recibir el futuro o lo que sea

doradísimas cervezas en bares miserables

hemos crecido a un lado de ustedes

frágiles

desamparados como cualquier hijo de obrero

gordas mujeres llorando nos vieron crecer

huir de eso

era la consigna

la cabeza contra el muro

era lo correcto

on this side of famished country

with measured love and cheap dreams

we have grown our days

recorded their traces on lined notebook paper

coddled their remains in gorgeous photos

long hair on streets

arms to receive the future or whatever

most golden beers in wretched bars

we've grown at one side of you

fragile

helpless like any child of a working man

fat women crying watched us grow

to flee from that

was the motto

head against the wall

was the right thing to do

escribimos de ustedes y nosotros

enviamos largas cartas a destinatarios ciegos

en tanto

la música estaba creciendo

qué confiados nos veían

sucios y arrugados

los sujetos de la poesía

iban a cambiar el mundo

pasaron cien poemas

calados de amor

nosotros

casi encima de la edad

y gritando

están ustedes ahí?

atiendan

estamos rodeados

pueden disparar

we wrote about you and us

we sent long letters to blind recipients

while

the music was growing

how confident we seemed to them

dirty and wrinkled

the subjects of poetry

were going to change the world

one hundred poems passed

soaked with love

we

almost above the age

and shouting

are you there?

pay attention

we're surrounded

you can shoot

ahora soy incapaz de idolatrar a nadie

y no es porque ya no tenga quince años

o porque la antología de hombres y mujeres

ilustres

no haya estado al alcance de mis sueños

es otra cosa que veintinueve años

marido   hija   empleo mal remunerado

padre a punto de morir

es otra cosa chingados

no se hagan pendejos

estoy hablando de mi vida

y les concierne

now I'm incapable of idolizing anyone

and it's not because I'm no longer fifteen

or because the anthology of illustrious

men and women

hasn't been within the reach of my dreams

it's something else than twenty-nine years

husband   daughter   badly paid employee

a father about to die

it's something else, fucking shit

don't be so fucking stupid

I'm talking about my life

and it concerns you

tercera versión acerca de lo mismo

una se detiene

se desata las abrochaduras del brassiere

las de los zapatos

se derrumba en una silla demasiado alta

piensa lo poco

soles que de tan brillantes huyes

pedazos de poemas a los ojos de ella

troncos que el enmohecimiento aturde

una se aburre de tener la espalda

soportando un muro sordo

que

se sabe bien

caerá despacio sobre la memoria

una escribe

porque

no hay ocupación más torpe y desdichada

que vivir

third version about the same thing

a woman stops

she undoes her bra hooks

her shoelaces

she crumbles into a too-high chair

thinks how little

suns that for being too bright you avoid

pieces of poems to her eyes

trunks that moldiness bewilders

a woman gets bored with having her back

hold up a deaf wall

that

we all know

will slowly fall on memory

a woman writes

because

there isn't anything more clumsy or sorrowful

than living

poesía no ha salvado a nadie

no resuelve insomnios

no sirve gritarla en panmtallas de tv

o hacerla canciones y que traguen de ella

dulcemente

los muchachos

poesía es un reluciente

bruto

fragmento de náusea

un aullido

están matando todo

la razón desvalida

para seguir aquí

poetry hasn't saved anyone

it doesn't cure insomnia
it's no good for shouting at tv screens
or turning into songs so the boys
can sweetly
drink to it

poetry is a shining
raw
fragment of nausea
a howl
they're killing everything

the helpless reason
to go on here

no hable

no mire

quede en calma

no se soluciona todo a gritos

no se gana nada con llorar

camine hacia la puerta

salga

no haga caso de las flores

de las armas

de los hombres

no hable

no escriba

don't speak

don't look

stay calm

not everything's solved by shouting

nothing's gained by crying

walk to the door

leave

don't pay attention to the flowers

to weapons

or men

don't speak

don't write

yo era el poema

I was the poem

que el poema me sostenga en esta tarde

en que la náusea va a sobrevenir violenta

quiero un poema manos

un poema labios

un poema falo

sólo soy una mujer de treinta

y debo morir mañana

que el poema sobrevenga a chorros

que inunde brutamente

el cuerpo sólido de noche

en que agonizo

let the poem sustain me this afternoon

in which nausea's going to surge up violently

I want a hands poem

a lips poem

a phallus poem

I'm only a thirty-year-old woman

and I should die tomorrow

let the poem happen in spurts

that brutally flood

the solid body of night

in which I lie dying

"Nulla dies sine linea"

que el poema se haga de mujeres

y hombres inermes

que no perezca nuestro tiempo

sin que la palabra diga

el ser de su verdad

que no pase el día sin que la palabra

se involucre

en la muerte del poema

"Nulla dies sine linea"

let the poem be made up of women
and unarmed men

let not our time perish
without the word saying
the being of its truth

let the day not pass without the word
involving itself
in the death of the poem

sin las balas del poema estoy perdida

y ustedes también

without the poem's bullets, I'm lost

and all of you too

y qué tal si les escribo

el poema del siglo

qué pensarían mi hija

mis amigos

la vecina

mi propia madre

qué tal si les obsequio

la carga de mi culpa

qué tal

eh?

and what if I write them

the poem of the century

what would my daughter

my friends

the neighbor

my own mother

think

what if I gave them

as a present

the weight of my guilt

what then,

eh?

aquí

el poema

se suelta de la mano

y abandona

here

the poem

lets go of the hand

and gives up

primera versión

hoy he amanecido con tu nombre en la palabra

y he salido al sol

a la gente en esa calle

donde tanto vientre

tantas piernas

hoy he amanecido con sospecha de ternura

y ni lágrimas de odio

asco por la vida

soportada apenas

van a derrumbarme

en este día

ese viejo sol con suerte

brilla

exclusivamente

para mí

first version

today I woke up with your name in the word

and I've gone out in the sun

to the people in that street

where so many bellies

so many legs

today I woke up with a suspicion of tenderness

and neither tears of hate

nor disgust for a barely

stood life

are going to knock me down

in this day

that old sun might just

shine

exclusively

for me

(PERO TAMBIEN)

siempre ha dependido de un pedazo de sujeto

encamorrado en una cárcel

el que un viejo sol con suerte

brille

exclusivamente

para mí

esta mañana no van a derrumbarme

ni tus lágrimas de miedo

ni tu asco por la vida

ni la mierda posentada en sillas

de oficina pública

esta mañana no vas a poder conmigo

hija de tu perra madre

vida

(BUT ALSO)

I've always depended on a piece of subject
goaded in a jail
that an old sun might just
shine
exclusively
for me

this morning I won't be knocked down
by your fearful tears
nor your disgust for life
nor the shit posed on chairs
in public offices

this morning you aren't going to beat me
you son of a dirty bitch
life

abrir ese poema

fue seguir el rastro del ahogado

hasta un color posiblemente tibio

fue asilar de vuelta en esos ojos

el café clarísimo de los dieciocho

y las manos retenían el golpe de escribirlo

de contarte que esos muelles

en la esquina del poema

eran como casas en remate

o esta boca habló contigo en el espejo

sí

fue encontrarme desarmada

y señalando el sitio de los meses

de la pena con sus gritos de

atención

aquí se está muriendo una individua

moscas se aproximan

ruego a los que escuchan

to open this poem

was to follow the trace of a drowned man

up to a possibly warm color

was to find asylum once more in those eyes

the lightest brown of eighteen years

and hands retained the blow of writing it

of telling you that those docks

in the corner of the poem

were like foreclosed houses

or this mouth spoke to you in the mirror

yes

it was to find myself disarmed

and pointing out the place of the months

of sorrow with their shouts

for attention

here a woman is dying

flies draw near

I beg to those listening

elevar plegarias entusiastas

manos y sombrillas

no se desanimen

sí

un poema abierto

ante una puerta clausurada

qué otra cosa puede sucederme

to raise up enthusiastic prayers

hands and parasols

don't get discouraged

yes

an open poem

before a closed-down door

what else could happen to me

PARA SEGUIR AQUÍ

TO GO ON HERE

D'un hamecçn plus habile que vos potences

nous prendrons notre bien

oú nous voulons qu'il soit

Paul Éluard

D'un hameçon plus habile que vos potences

nous prendrons notre bien

où nous voulons qu'il soit

Paul Éluard

este sol de mediodía sobre octubre

esto que confusamente sale

de los grandes almacenes

a los grandes carros

y estos otros que pelean el autobús

para llegarse a casa y sopa calientita

hijos desde escuela

esta tristeza de sol deveras limpio

de hombres y mujeres repitiendo sin error

los gestos cotidianos

este planeta real y mi país en él

esta pena de ser uno de ustedes

this midday sun over October

this confusedly coming out

of the big stores

to the big cars

and those others

that fight for a spot on the bus

to get to their house and their nice hot soup

children from school

this sad, sad sun truly clean

of men and women repeating with no mistake

the daily gestures

this real planet and my place on it

this sorrow of being one of you

ellos

los que están sentados en la plaza principal

mirando cómo van y vienen piernas   senos

los que toman aire y sin embargo

nunca llegan a la cara del poema

los que corren por la calle temiendo

que el encuentro concertado

ya no se realice

los que duermen a contra reloj

los que sí han pisado cárcel

hospital   iglesia   escuela

los que perderán inconsolables el futuro

los que viven

them

the ones sitting on the main plaza

looking at how   legs   breasts   go back and forth

the ones that take a breath and still somehow

never arrive at the face of the poem

those that run down the street afraid

that the agreed upon meeting

won't happen

those that sleep against the clock

those that really have been in jail

hospital   church   school

those that will inconsolably lose the future

those that live

no encontraste nada sino huesos

palabras como aporrear acaso

las baldosas húmedas del sueño

(tres adolescentes ebrios)

el patio inundado de hierba

recoge sin ganas

fragmentos de fuerza de ojos

tu alcanzable destrucción

(afuera tres adolescentes embriagándose)

esto es la vida

you didn't find anything but bones

words like maybe bashing

the humid tiles of sleep

(three drunk teenagers)

the patio filled with weeds

picks up listlessly

fragments of eyes' force

your feasable destruction

(outside three teenagers getting drunk)

this is life

pude haberles dicho

que las horas se empezaron a vaciar de letras

de pisadas dulces en la huella del asfalto

que la noche se volteaba para vernos ebrios

en los ojos apagados de los viejos

que eran agrias las sábanas de octubre

encima de las cinco de la tarde

que los brazos tiernos y caídos de los muertos

nos pesaban en las lágrimas

en la usual respiración del mediodía

en todo lo que pudo hacerse

y se hizo a un lado

en todo lo que nos dijimos estos años

para seguir viviendo

para seguir aquí

I could have told them

that the hours began to empty of letters

of sweet steps in the trace of asphalt

that the night turned around to find us drunk

in the dimmed eyes of old people

that the sheets of October were sour

above five in the afternoon

that the tender, fallen arms of the dead

weighed us down in tears

in the usual breathing of midday

in everything that could be done

and was set aside

in everything we told each other those years

to go on living

to go on here

y hablar de vuelta es nunca

si las hélices de tantos meses se desprenden

caen y blandamente se hacen trizas

arriba el amplio tiempo quema calendarios

cartas en el fondo de una caja de cartón

pequeños actos en honor de marzo

por tus ojos huellas pierden territorio

el tiempo no se rompe si es septiembre

si en la cama el vientre duro se agazapa

si las manos se refugian

en el pubis ralo de la adolescencia

en las fotos de familia pobre

en los ojos que miraban

como yo miraba hace diez años

no

no se rompe el tiempo

y lo he querido

and to speak again is never

if the propellers of so many months come off

fall and softly shatter into pieces

above ample time burns calendars

letters at the bottom of a cardboard box

small acts in honor of March

through your eyes footsteps lose territory

time doesn't break if it's September

if in bed the hard womb crouches

if hands seek refuge

in the sparse pubis of adolescence

in the photos of a poor family

in the eyes that watched

the way I watched ten years ago

no

time doesn't break

and I've wanted it to

qué pedazo de poema nos reintegra pechos

vientres que perdimos en los últimos diez años

qué empuñamos

disparamos

contra qué

en nombre de qué sueños

vida

qué humana historia

what piece of a poem restores breasts

wombs that we lost in the last ten years

what weapon do we hold

we shoot

against what

in the name of what dreams

life

what a human story

oye

me voy a morir

todos se mueren

pero alguno de los míos quedará

y no ha de llevarme al cementerio

ese espacio que los muertos roban a los vivos

no quede eso de mí

que lo mío se abrase

no se tire al mar

río

no se siembre en el campo

di a la vida mi parte

y basta

lo que reste

los desechos

a la basura

listen

I'm going to die

everyone dies

but someone of my own people will remain

and they won't take me to the cemetery

that space the dead steal from the living

don't leave that of me

that what's mine burn

don't throw it in the sea

river

don't sow it in a field

I gave life my part

and enough

what's left over

the discards

in the trash

y a otra cosa

vida hermosa

and to something else

beautiful life

mira que yo aquí

no veo ni seña de los viandantes

y camino a pesar de

por la mañana

y además intento atravesar el río

el puente a un grito de hundirse en el viento

mira que todo lo que digo es por mí

no te alegres

look at me here

I don't see a sign of passersby

and I walk despite it

in the morning

and furthermore I try to cross the river

the bridge a scream away from sinking into the wind

look, everything I say is for me

don't rejoice

cabe explicar quién eres

dos pechos manchados de gente

un pubis con pelo de cualquier color

un pozo que ni tan hondo

del que sin embargo emergen

los hombres y mujeres del mundo

una imagen que no te corresponde

porque ahí tienes cadenas

que nadie admite haberte puesto

it's fitting to explain who you are

two breasts stained with people

a pubis with any color hair

a pit that's not so deep

but from which nevertheless emerge

the world's men and women

an image from the mirror

that doesn't belong to you

because there you have chains

that no one will admit they put on you

una superficie insalubre para gritar en ella

mecedora mi cuerpo te soporta

si hubiera nacido en otro
años antes sería plomero
o técnico en espejos
no la mohosa dentadura
en su sonrisa

buenas noches papá
(esto es un poema
acerca de la muerte)

an unhealthy surface to shout on

rocker my body supports you

if I were born in another
years before I'd be a plumber
or a mirror technician
not the mossy set of teeth
in his smile

good night, papa
(this is a poem
about death)

se me está muriendo el odio hermanos

abajo entre los dedos palidece grave

se me está muriendo de ojos

de saliva en los pezones tibios

se me está muriendo lento

entre ademanes rutinarios

sueños breves y posibles

se me está muriendo todo

y nadie viene

hate is dying on me brothers

below between my toes it becomes gravely pale

it's dying on me from eyes

from saliva on warm nipples

it's dying on me slowly

between routine gestures

brief and possible dreams

everything is dying on me

and no one's coming

esta ciudad

que pereciendo ante mis manos de palabras sucias

recorre inservibles refugios

en trenes que se oxidan para siempre

se vuelve

y

se mira sin manos

en ojos de los otros

this city

that dying before my hands of dirty words

wanders through useless refuges

in trains that are rusting forever

turns

and

looks at itself without hands

in the eyes of others

nunca escalé un trailer

temprano y sin sol arriba

conmovida hasta las orejas

desfondado piso

parabrisas roto

llantas en charcos

resortes   estopa al aire

les digo que nunca

I never climbed into a trailer truck

early and without the sun above

deeply moved   up to my ears

broken floor

cracked windshield

tires in puddles

springs   seat stuffing exposed

I'm telling you never

las piernas de mi padre duermen

desde que empezó el invierno

el doctor nos dijo que eso

lo liquidará

que es cuestión de días

no es justo

él fue arriero   pescador

chofer de ruta

todo eso en sesenta años

no es justo

aunque sea mi padre

no merece perder la vida de ese modo

my father's legs are sleeping

since winter started

the doctor told us that

will finish him off

that it's a matter of days

it's not fair

he was a mule driver a fisherman

a route taxi driver

all that in sixty years

it's not fair

even if he's my father

he doesn't deserve to lose his life this way

habrá la colcha sucia de vejez

útil en horas de la tarde

una posibilidad habrá temblando

y yo que apenas fui las que él quería

tuve los rostros femeninos del planeta

y sus caderas

tuve senos de melón o de sandía

nunca los del mismo día

tuve manos de hombre en la palabra

y renuncié

por eso digo que habrá

there will be the dirty quilt of age

useful in the afternoon's hours

there will be a possibility trembling

and I who barely was the ones he wanted

had the feminine faces of the planet

and their hips

I had breasts of cantaloupe or watermelon

never the fresh ones

I had the hands of a man in the word

and I quit

that's why I say there will be

el poema se ha atorado

entre el recibo de la renta

y el de la luz eléctrica

the poem's gotten stuck

between the rent bill

and the electric bill

antes

patios con doscientos trenes

y sin rieles

gente que dirías aquí

cuidado

gris mar sucio llueve

no llegamos

before

patios with two hundred trains

and no tracks

people you'd say here

be careful

gray sea dirty it's raining

we don't get there

accionas la palanca de los buenos días

salir pedazos de muchachos   autos

mañana de fin de suerte

la gasa para tus heridas

en el piso sucio

otros desciendan costosos deseos

es enero de un infame sueño

pierdes tu persona

regresas

you pull the lever of the good morning

come out pieces of boys cars

morning of the end of luck

the gauze for your wounds

on the dirty floor

other people go down costly desires

it's January of an awful dream

you lose your person

you return

sucia gente sin sueños tropieza conmigo

cada mañana de invierno tibio

recorro miradas y agonizo

quién ha puesto tanto gris en risa

ruido   huellas

qué les hizo tanto daño

yo no pude ser carlitos marx

soy tan solo una poeta

y amo a toda esa basura

dirty people without dreams trip over me

every morning of a warm winter

I go through gazes and I'm dying

who's put so much gray in laughter

noise   footprints

what did them so much harm

I couldn't be charlie marx

I'm just a poet

and I love all that trash

en la orilla de un atlántico contaminado

niños ventrudos

piernas estragadas por la celulitis

senos y vientres fláccidos

la nube magritte encima

¿muerte en tampico?

on the edge of a polluted atlantic

big bellied children

legs ravaged by cellulitis

flaccid breasts and bellies

the magritte cloud above

death in tampico?

el mar establece sus blandos límites

a mitad de las celebraciones

allí los hombres ahogados de historia

fuellean con la mirada puesta

en oh tus sienes de oliva

hecho esto se dispersan

y son sus vidas planicies arrasadas

the sea establishes its soft limits

in the middle of celebrations

there the men drowned by history

pant with their gaze fixed

on oh your olive temples

once this is done they disperse

and their lives are razed plains

aun el desastre

y cepas de árbol arrugado

no hay tormenta

también mirada a la vitrina

ofertas

mi dinero?   pura madre

todavía y sin explicación cantamos

nada en claro

a pesar

still the disaster

and stumps of wrinkled tree

there's no storm

also a look at the glass case

sales offers

my money?   bloody hell

even so and without explanation we sing

nothing clear

despite

para Primitivo Hernández

sólo una persona física y aquí

el árbol de sus nubes plum plum plaf

ha caído verde al cielo

pero el ojo de empañado cristal

registra desastres y voraz

consume pérdidas de enteros sueños

a las manos un fragmento de bostezo

ya mi abuela lo decía en sesentaiuno

sólo una persona física

en fin

que estamos de verdad muy solos

for Primitivo Hernández

only one natural person and here

the tree of its clouds plum plum plaf

has fallen green to the sky

but the eye of fogged up glass

records disasters and ravenous

consumes losses of entire dreams

to its hands a fragment of yawn

my grandmother already said it in seventy-one

only a natural person

after all

that we're truly alone

LA PROPOSICION INDECOROSA

DE LA PROSA

THE INDECOROUS PROPOSITION
OF PROSE

creciste oyendo a presley

en tu casa no había dinero

y la radio sintonizando aquel programa

Fórmula Juvenil de Ritmo y Melodía

era tu único alimento

tu madre oía novelas

y cuando estás en punto de teoría

dices que de ahí tu amor a la literatura

pero ella no quería a presley

ni a nadie que no fuera pedro infante

tus hermanas mayores

a veces cumplían años

entonces hacían fiestas

y venían muchachas

con hermosas faldas circulares

blusas sin manga y tobilleras

bailaban y reías escamoteándoles tus piés

se veían felices con el rock around the clock

después de tantas horas de trabajo

tu hermana delia era distinta

you grew up listening to presley

in your house there wasn't any money

and the radio tuned to that program

Fórmula Juvenil de Ritmo y Melodía

was your only food

your mother listened to soap operas

and when you're in point of theory

you say from there your love for literature

but she didn't love presley

or anyone that wasn't pedro infante

your big sisters

sometimes had birthdays

then they'd throw parties

and girls would come

with beautiful circular skirts

sleeveless blouses and bobby socks

they'd dance and you'd laugh whisking away your
    feet

they looked happy with their rock around the clock

after so many hours of work

leía novelas policiales

y jamás se permitió lavar los pisos

o barrer el patio

ella trabajaba y estudiaba

además amaba a presley

el día que el mayor de los solteros

le pegó una bofetada

se largó de casa

la buscaron en todas partes

el novio no sabía nada

la cruz roja ni la conocía

apareció en la noche

se había quedado en casa de una amiga

despues de contarle el incidente

tú no puedes saber la cara

sus palabras

tú no sabes cómo soportó la pena

de ir y contar su desdicha

a alguien que no fuera ella misma

tú la mirabas como si fuera tu hermana

your sister delia was different

she read detective novels

and never let herself scrub the floors

or sweep

she worked and studied

besides she loved presley

the day that the eldest of her single brothers

slapped her across the face

she left home

they looked for her everywhere

her boyfriend didn't know a thing

the red cross didn't recognize her

she came back that night

she'd stayed at a friend's house

after telling her about the incident

you can't know the look on her face

her words

you don't know how she stood the shame

of going and telling of her misfortune

to someone who wasn't herself

era otra vuelta la que preferías

a los tres años de nacida

y ella amaba a presley

la primera fan de la familia

poco importa que se haya casado

que tenga tres hijas

casa propia y dos coches

poco importa que haya dicho

cuando tú te fuiste con Arturo

qué cómo habías confiado

en un desconocido

lo que duele es esa mujer

de treintaiséis años

en la sala de su casa a oscuras

oyendo a presley

you looked at her as if she were your sister

she was again the one you preferred

when you were three years old

and she loved presley

the first fan of the family

it matters very little that she got married

that she has three daughters

her own house and two cars

it matters very little that she said

when you went off with Arturo

that how had you trusted

a stranger

what hurts is that woman

thirty-six years old

in her living room in the dark

listening to presley

mala cosa es la gente de mi país

cuando permite que yo sufra

por dos mil pesos

qué miseria de sistema

el que condena a los poetas

a dar clases de literatura

para poder pagar la renta

qué infamia este destino de poetas

instalados a chaleco en la bohemia

the people of my country are a bad thing

when they let me suffer

 for two thousand pesos

what a miserable system

that condemns poets

to teaching literature classes

so they can pay the rent

how awful this destiny of poets

forced against their will into bohemia

en los últimos poemas

maricones suicidados

tus quince y homicida

putas que rompieron vidrios

en un restaurante lujoso

y luego se sentaron a comer

porque tuvieron hambre

esa vida a los poemas

tu foto

tus siete años

y tres arrestos

por delitos contra la salud

in the last poems

gays that killed themselves

your fifteenth birthday and murder

whores that broke windows

in a fancy restaurant

and later sat down to eat

because they were hungry

that life to poems

your photo

your seventh birthday

and three arrests

for crimes against health

qué bueno hubiera sido que existieras

así podría invocar tu amparo

cuando me acosaran mis escasos acreedores

o bien cuando el servicio de transporte en la ciudad

no pusiera en mi esquina un autobús a tiempo

qué adecuado sería prenderte encendedores

ofrendarte kilos de jamón serrano

darte en sacrificio al primogénito afectado

por el mongolismo

todo para que sonrieras

con esa la dulzura

que te pintan

qué bueno sería que estuvieras

para que mami supiera

 que sus hijos muertos

están a tu diestra

para que mi hermana delia me arrojara

un lunes por la mañana

how great it would've been if you existed

that way I could invoke your aid

when my few creditors were stalking me

or else when the city transport system

wouldn't put a bus on my corner on time

how adequate it would be to hold up lighters for
    you

make offerings to you of kilos of Serrano ham

give to you in sacrifice the firstborn affected

by mongolism

all so you would smile

with that the sweetness

they depict you with

how good it would be if you were there

so that mommy would know

that her dead children

are at your right hand

so that my sister delia would toss me

(con sol de preferencia)

la certeza de que existes

qué bueno hubiera sido oirte decir

cuando yo salía de la playa esa tarde de agosto

con 18 años y todos los sueños del mundo

"esta es mi hija bienamada

en quien tengo contentamiento"

some monday morning

(preferably a sunny one)

the certainty that you exist

how good it would have been to hear you say

when I went out to the beach that august
afternoon

with my eighteen years and all the dreams of the
world

"this is my beloved daughter

in whom I am well pleased"

encendí el televisor

en el momento en que anunciabas una pasta dental

y estuve preguntándome

cómo te verías sin dientes

de qué vivirías si no tuvieras tan bellos ojos

qué será de tu figura a los sesenta

enviarás tus hijos al extranjero?

votarás por el pri las próximas elecciones?

¿sabrás que en este país hay mujeres

que sueñan con tu suerte mientras soportan

tediosas jornadas en tiendas de autoservicio?

qué clase de felicidad hace posible tu sonrisa

qué fuerzas vegetales   terrestres te animan

a quién tengo que dirigirme para saber estas cosas

dios no recibe correspondencia

los hombres y mujeres comunes

estamos a la deriva

alrededor nuestro la pasta de dientes

los botes de cerveza   muebles   automóviles

y heladas bellezas sonriendo

en vano nos arrojan salvavidas de concreto

I turned on the television

at the moment you were advertising toothpaste

and I was asking myself

how you'd look without teeth

how you'd make a living if you didn't have such
    beautiful eyes

what will your figure be like at sixty

will you send your children abroad?

will you vote PRI the next elections?

would you know that there are women in this
    country

who dream of having your luck while they put up
    with

tedious work shifts in convenience stores?

what kind of happiness makes your smile possible

what vegetable   terrestrial   forces animate you

whom must I address to know these things

god doesn't receive correspondence

we average men and women

are adrift

around us toothpaste

beer cans furniture automobiles

and frozen beauties smiling

in vain throw us concrete lifejackets

he escrito sobre mí

pensando que servía de algo

esta señal de aquí hacia usted

que tal vez

en medio de un cinematógrafo

rodeado de gente que le desconoce

se aturda de ternura por la suerte nuestra

después

ojalá sintiera rabia

un poco de asco si no es mucho pedir

porque sabe?

no hallo la manera de justificarnos

I've written about myself

thinking it would do some good

this signal from here to you

that maybe

in the middle of a moviehouse

surrounded by people who don't know you

you'll be stunned with tenderness by our fate

afterwards

I hope you feel enraged

a little disgusted if it isn't too much to ask

because you know?

I can't find the way to justify us

del libro

Litoral sin sobresaltos

1984

Editorial Praxis Dos Filos, UAZ

from the book

Calm Coastline

PESSOA REVISITED

soy un *outsider*

luego que me nacieron

de mí me fui

(cómo hago para volver)

PESSOA REVISITED

I'm an *outsider*

after they borned me

I left me

(what do I do to go back)

ANNE SEXTON HABLA DE SILVIA PLATH

esa mujer probó que era sublime

arrojando su vida

su poema

en la helada   lenta invasión del gas

saliendo de una hornilla de cocina

no pensó que estaba abriendo caminos

mi hija ha dicho

"una madre es una mujer que escribe

en una máquina todo el tiempo"

hechos de vida contra el muro denso

atroz de nuestros días

esa mujer se arrojó contra la luz

pura   perfecta y desoladamente

no pensó que estaba abriendo caminos

¿acaso se esperaba eso?

ANN SEXTON TALKS ABOUT SYLVIA PLATH

that woman proved she was sublime

throwing her life

her poem

into the freezing cold   slow invasion of gas

coming out of a kitchen burner

she didn't think she was paving the way

my daughter has said

"a mother is a woman who types

on a typewriter all the time"

facts of life against the atrocious

dense wall of our days

that woman threw herself against the light

pure, perfect and desolately

she didn't think she was paving the way

was that really what was expected?

yo elegí perder mi guerra personal

en esa guerra no hubo nunca

enemigos verdaderos

vi que padre

madre

yo

muchos de nosotros

sólo víctimas

fue entonces que perdí esa guerra

I chose to lose my personal war

in that war there were never

real enemies

I saw that father

mother

me

many of us

only victims

it was then that I lost that war

IT'S THE SAME GOOD, OLD, DIRTY ROCK AND ROLL

salí a las calles de mi pueblo

porque en mi casa

y en todas las casas de todo este país

no se puede estar bien

mi padre me quería para él

y mi madre renegó de mí

porque no quise lavar los platos

no quería estar allí

entiéndanme

en la calle había figuras

un *ballet* de ojos hurgando senos

piernas   nalgas

ah los humanos cargando tantísima necesidad

y tanto frío

salí a la calle despojada de máscaras

casi desprovista de armadura

IT'S THE SAME GOOD, OLD, DIRTY ROCK AND ROLL

I went out into the streets of my town

because in my house

like in all the houses in all this country

you can't feel alright

my father wanted me for him

and my mother complained about me

because I refused to wash dishes

I didn't want to be there

understand me

in the street there were figures

a *ballet* of eyes digging into breasts

legs   asses

oh humans carrying so much need

and so much cold

I went out on the streets stripped of masks

almost without armor

sólo un par de manos

como para hacer temblar a dios

y ojos

los ojos de dolerme de la vida

de llorar ahí

en medio de gente   gatos y automóviles

salí a la calle por mi hombre

el hombre que me amaba

se echó encima todas las cadenas

que ustedes habían dispuesto

durante siglos

para cada uno de nosotros

cuando vio que no podía deshacerse de ellas

decidió cargarlas hasta reventar

en el *interin* casi me hace polvo

salí a las calles para decir

mírenme parada sobre mis días

no quiero ser tierna

just a pair of hands

like to make god tremble

and eyes

the eyes to hurt me about life

to cry there

in the midst of people   cats and automobiles

I went out on the streets for my man

the man that loved me

he put on all the chains

that all of you had provided

for centuries

for each one of us

when he saw he couldn't get rid of them

he decided to carry them until he exploded

in the *interim* he almost ground me to dust

I went out on the streets to say

look at me standing in my days

I don't want to be tender

quiero hablarles de ustedes y de mí

de la triste

jodida basura que somos

salí a la calle y que se conmovieran

soy ésto que ustedes y yo hemos hecho

pensé que se apenarían

lloré y me angustié entonces

de la misma torpe manera que hoy hago

once años después

solo una mujer de treintaiuno

un empleo   una hija

una clase   un partido

la misma rabia empecinada en la palabra

I want to talk to you about you and me

about the sad

fucked-up trash we are

I went out on the streets and wanted you to feel
    moved

I am this thing that you and I have made

I thought you'd be ashamed

I cried and felt distress then

in the same clumsy way I do now

eleven years later

just a thirty-one year old woman

a job   a daughter

a class   a political party

the same rage insistent on the word

MY GENERATION

meciéndose sobre el frágil pene

de un adolescente de cabellos largos

las mujeres nacidas en esta segunda

mitad de siglo

dibujaban con sus dedos

victorias que después supieron inexistentes

renegaron de la marihuana

y la mezclilla sucia

accedieron al siquiatra

al amor por contrato

se hubieron pocos hijos

tarjetas bancarias

amantes

cuando se sienten desdichadas

hacen funcionar su *stereo* importado

y escuchan

MY GENERATION

rocking on top of the fragile penis

of a long haired teenager

women born in the second

half of the century

drew with their fingers

victories they later knew were inexistent

they complained about marijuana

and dirty jeans

they consented to a psychiatrist

to contracted love

there were few children

credit cards

lovers

when they feel sorrowful

they turn on an imported *stereo*

and listen

en-el-ma-yor-de-lo-sa-ba-ti-mien-tos
el disco póstumo de john lennon

ellas habían sido gruesas como un ladrillo
le llegaron a todano
fueron radicales en la onda *stoned*
sabían que los tiempos estaban cambiando
pero no tuvieron fuerzas   ni ganas
de averiguar hacia dónde
y
amaron la atroz
terriblermosa época
que les tocó pisar
y hundirse

in-the-worst-of-de-jec-tions

john lennon's posthumous album

they had been as thick as a brick

they arrived at todano

they were radical in the *stoned* wave

they knew that the times they were a changing

but they didn't have the strength   or the will

to figure out towards what

and

they loved the atrocious

and terribeautiful age

that was their turn to step upon

and sink into

DOWN GENERATION

y la vida no fue lo que pedimos esa tarde que
pisamos la orilla de gris mar sucio recién amado
por la lluvia

no logramos suicidarnos en nombre del futuro
luminoso   ni nos traicionamos por un coche
último modelo

no fuimos al fondo de las dos
chafadas posibilidades que prestó la época
con una taza de interés que daría risa
si no provocara espanto

los triunfadores de estos años
nos miran con desprecio
y la buena gente de todas partes
nos palmea con lástima los vencidos hombros

DOWN GENERATION

and life was not what we asked for that afternoon
    that

we stepped upon the shore of dirty gray sea
    recently loved

by the rain

we didn't succeed in killing ourselves in the name
    of the luminous

future   nor did we betray each other for a late
    model

 car

we didn't go to the bottom of the two

ruined options the age gave us

with an interest rate that would make you laugh

if it didn't scare you

the winners of those years

porque

nuestro pecho sólo se abrazó a sí mismo

y no adoptamos otra filosofía

que aquella que construímos con nuestros días

porque renegamos de los ideales

uniformemente establecidos

y de todo aquel dios que no encontráramos

en los espejos

ah narcisos maltrechos

pobres narcisos

con todas las alternativas fuera del alcance

y por eso

con tanta risa corriendo en sentido contrario

hubiéramos querido ingresar

a la élite particular de ésto

o al frente popular de aquello

sólo para no sentirnos tan solos

pero todo estaba tan rígidamente formulado

look at us disdainfully

and good people from everywhere

pat our vanquished shoulders with compassion

because

our chest only hugged itself

and we didn't adopt another philosophy

than the one we built with our days

because we complained about the uniformly
   established

ideals

and about any god that we might find

in mirrors

ah battered narcissuses

poor narcissuses

with all the alternatives out of reach

and because of this

laughing so hard while running in the opposite
   direction

que hubiéramos reventado de tedio

y esa   verdaderamente   no era la causa

que nos convenía

mejor el dolor   mejor la náusea

el desorden como método para arreglarnos la
    sonrisa

y una que otra casa que nos albergó temblando

estremecida por la música

terriblemente bella

de esa década

mejor el techo inexistente

que se atreva la lluvia

que amorosa nos lave y nos inunda

y así afrontar los días sin tiempo que ya

we would have liked to enter into

this particular elite

or that popular front

just to not feel so alone

but all of that was so rigidly formulated

that the tedium would have pissed us off

and that   truly   was not the cause

that suited us

better the pain   better the nausea

the disorder as a method to fix our smile

and one house or another that sheltered us
    trembling

shaken by the terribly

beautiful music

of that decade

better than the inexistent roof

that the rain dare

that it lovingly wash us and flood us

and in that way to face the timeless days that
    already

qué horror

uno amó   tuvo hijos

encadenó al cuello saludables

actitudes de revuelta

uno gastó tres palabras frente a las cornisas

polvorientas

y se acodó temblando en el marco

de un espejo inservible

qué asco

uno esparció pisadas alrededor de una huella de

certeza

uno gritó hasta que las piedras se hartaron

hasta que cedió el antepecho de la ventana cerrada

y hubo ruído de cortinajes cayendo

de cristales aullando en el oído de la luz

qué asombro

uno salió de la estación en ruinas

a rastras y como pudo

for Hugo Vargas

how awful

one loved   had children

chained around one's neck healthy

rebellious attitudes

one wasted three words in front of the dusty

cornices

and elbowed trembling in the frame

of a useless mirror

how disgusting

one sprinkled steps around a footprint of

certainty

one shouted until the rocks were sick of it

until the sill of the closed window succumbed

and there were sounds of big curtains falling

of glass howling in the ear of light

how surprising

one came out of the station in ruins

dragging themselves and however they could

uno juró por padre   por madre

que la hazaña se repetiría

pero uno ya no estaba en condiciones de alardear

uno estaba perdiendo las escasas razones de estar
     aquí

o ahí   o en donde fuera

mierda

uno encontraría su propia   intragable muerte

inscrita en grandes pero indescifrables caracteres

en los ojos elusivos del otro en el espejo

one swore for father   for mother

that the feat would repeat itself

but one was no longer in a condition to boast

one was losing the few reasons to be here

or there   or wherever

shit

one would find one's own   intolerable death

inscribed in big but indecipherable characters

in the elusive eyes of the other in the mirror

del libro

Para quienes en altamar aún velan

1987

Gob. del Edo. de Tamaulipas, ITC, PCF

from the book

for those who on the high seas

still keep watch

PROBABLEMENTE (EL POEMA ES UN ESPEJO) INÚTIL

I

busqué un espejo para encontrar allí mi rostro

arrastré mi personaje en calles invadidas por
mohosos edificios

entre dos larguísimas paredes que arrojaban
certidumbres en quiebra

busqué un espejo y di con dios

con mi padre pescando en altamar

con el odio magnífico de los adolescentes

con tus ojos que a nadie importa si perdieron
fuerza

con los que se van para encontrarse

y terminan confusamente derrumbados

en un asiento de autobús urbano

busqué un espejo para encontrarte

muchacha abandonada a la suerte de todos

ferrocarril que pita largamente antes de entrar al
mar

PROBABLY (THE POEM IS A) USELESS (MIRROR)

I.

I looked for a mirror to find my face there

I dragged my character through streets invaded by
moldy buildings

between two very long walls that tossed out
bankrupt certainties

I looked for a mirror and found god

with my father fishing on the high sea

with the magnificent hate of adolescents

with your eyes that no one cares if they've lost
strength

with those that leave to find themselves

and end up confusedly shattered

on a seat on a city bus

I looked for a mirror to find you

girl who'd been abandoned to everyone's fate

train that lets out a long whistle before entering the
sea

torpe animal de vigilia que preserva la furia

busqué en brumosos baldíos donde arrojan
cadáveres

busqué en los miles de rostros distanciados

en las manos de la pesadilla viva hundidos

en la aguja hiriente de la muerte

bajo el foco sucio de la soledad impuesta

en mis ojos donde he visto

los crímenes de todos

clumsy vigil animal that preserves its fury

I looked in murky empty lots where they toss dead
    bodies

I looked in the thousands of distanced faces

in the hands of the living nightmare sunken

in the wounding needle of death

under the dirty lightbulb of imposed solitude

in my eyes where I've seen

everyone's crimes

II

me derrumbé una vez y otra

y en la otra decidí que abandonaba

pero no pude

volví en mí

y me encontré buscando

(en el barco que zarpa rumbo a la tormenta

encima de las esperanzas canceladas

desde el óxido que permanece insomne

en todas las propuestas de reanudación del sueño

bajo el transcurrir perpetuo del aplazamiento

lejos de las manos de los otros

con los restos de mi sucio sueño de color añil

desde el último refugio contra toda la tormenta)

sólamente un espejo

ese espejo donde mires

te mires

nos mires

y no entiendas

II.

I collapsed one time and another

and the next time I decided that I'd give up

but I couldn't

I came to

and found myself searching

(in the boat that lifts anchor towards the storm

above the canceled hopes

from the rust that stays sleepless

in all the proposals of the resumption of sleep

under the perpetual occurence of postponement

far from the hands of others

with the remains of my dirty indigo-colored dream

from the last refuge against all the storm)

just a mirror

that mirror where you might look

you might look at you

you might look at us

and not understand

no tengo (lo sabes) nada que olvidar

I

que saliera de mi cuarto

que enfrentara a jueces disfrazados de testigos
indiferentes

que saliera de mi edad y de mi alma

que no viera los rostros donde han sido barridos
los sueños

que rompiera el espejo que a diario reconstruye mi
imagen

que me confundiera entre los otros

que fuera hacia ellos inerme

que ingresara a la última manera de perderse

que aplaudiera las pobres actuaciones de todos

que me abandonara en manos de la nada

que olvidara

que entonces me amarían

I don't have (you know it) anything to forget

I

that I'd come out of my room

that I'd confront judges disguised as indifferent
witnesses

that I'd leave my age and my soul

that I wouldn't see the faces where dreams have
been stripped away

that I'd break the mirror that reconstructs my
image daily

that I'd lose myself among others

that I'd be towards them defenseless

that I'd enter into the last way of losing oneself

that I'd applaud everyone's poor acting

that I'd abandon myself into the hands of nothing

that I'd forget

that then they'd love me

II

voy a salir de este cuarto

me horroriza que ya no quede nadie para juzgarme

pero voy a salir de este cuarto armada

no tengo nada que olvidar

sé del temor y el odio

de la esperanza y la crueldad de los otros

no sé olvidar

voy a salir ahora

pero no esperen que me abandone

no esperen mi vida ni mis sueños

no aprendí a odiarme

no tengo nada que olvidar

II

I'm going to come out of this room

it horrifies me that there's no longer anyone to
    judge me

but I'm coming out of this room armed

I've nothing to forget

I know of fear and hate

of hope and the cruelty of others

I don't know how to forget

I'm going to come out now

but don't expect me to abandon myself

don't expect my life or my dreams

I didn't learn to hate myself

I've nothing to forget

porque no duermen ellos si no hicieren mal

y pierden el sueño si no han hecho caer;

porque comen pan de maldad

y beben vino de robos.

Proverbios de Salomón

yo canto contra aquellos que se apoderaron de la
realidad y el sueño

y nos dejaron fuera

contra aquellos que erigieron los imperios

donde perecemos en esclavitud y olvido

los que han borrado todo rastro de amor de
nuestras caras

yo canto contra los que tienden cerco de muerte en
el camino de la vida

los que piensan que pueden arrojar nuestra
memoria

más allá de la sobrefaz de los abismos

for they cannot sleep unless they do evil

and they are robbed of sleep

unless they make someone stumble;

for they eat the bread of wickedness

and drink the wine of violence.

Proverbs

I sing against those that took over reality and
    dreaming

and left us out

against those that erected empires

where we perish in slavery and oblivion

those that have wiped all trace of love from our
    faces

I sing against those who hang a fence of death in
    life's path

those that think they can toss our memory

beyond the surface of the abysses

yo canto contra aquellos que perecerán en su
   violencia

aquellos que serán hartos de sus propios caminos

los que no serán ahítos sino de su propia sangre

I sing against those who will perish in their
    violence

those that are sick of their own roads

those that won't be sated except with their own
    blood

es terrible ser pobre

termina uno siendo mezquino

si se es egoísta

destructivo

y además pobre

uno es un desastre

sobre todo para otros pobres

(especialmente para uno mismo)

cuando un pobre encuentra su cara en un espejo

le entristece ver que allí falta algo de belleza

algo de alegría   algo de verdad

(eso puede ser terrible a ciertas horas de la tarde)

un pobre siempre está disgustándose por todo

    con todos

la certeza de que está de sobra en todas partes

nunca le abandona

así ¿cómo podría sentirse necesario

it's horrible being poor

one ends up being so petty

if you're selfish

destructive

and also poor

you're a disaster

mostly for other poor people

(especially for yourself)

when a poor person finds their face in a mirror

it makes them sad to see that something of beauty
    is missing

something of happiness   something of truth

(that can be awful at certain afternoon hours)

a poor person's always getting mad about
    everything   with everyone

the certainty that they're in the way everywhere

never leaves them

solidario

o simplemente vivo?

la puerta del futuro se ha estrechado para él

hubo un tiempo en que los poderosos temblaban
al pensar en la rabia desatada de los pobres
a los pobres de ahora no les han dejado ni la ira

pero si los días de ira han terminado
la puerta del futuro está cerrada para todos

and that way how can they feel that they are
    necessary

supportive

or simply alive?

the door of the future has narrowed for them

there was a time when the powerful trembled

thinking of the unleashed rage of the poor

with today's poor they've even taken away their
    anger

but if the days of rage have ended

the door of the future is closed for everyone

"Y TODA LA NOCHE LLOVIO SOBRE NOSOTROS"

para Carlos Monsiváis,

si lo quiere

I

no estuvimos nunca junto a las argivas naves

resplandor terrífico de los escudos

combatiendo por helena

nuestro destino no fue dispuesto

desde el olimpo

por zeus tonante

nuestros ritos no exigen hecatombes

—apolo mintió a tetis la suerte de aquiles—

las mujeres nuestras no han bordado hermosos
    peplos

en honor de palas atenea

y jamás enviamos odiseos a las ítacas que no
    tenemos

"AND ALL NIGHT IT RAINED ON US"

for Carlos Monsiváis

if he wants it

I

we were never next to the argive ships

terrifying splendor of shields

fighting for helena

our fate was not set

from olympus

by thundering zeus

our rites do not demand hecatombs

—apollo lied to tetis the fate of achilles

our women have not embroidered beautiful
    peploses

in honor of palas athena

and we never send odysseys to the ithacas we don't
    have

aquiles no ha muerto entre nosotros

ningún héctor ha emprendido la defensa de
    nuestras ciudades

no podemos cantar esa epopeya

achilles has not died among us

no hector has embarked on the defense of our
    cities

we cannot sing that epic poem

II

soy de una patria desamparada

ajena

mi patria es una calle sin salida

una broma asqueante de la historia

una cólera embrutecida descargando puñetazos

contra su propio pecho

mi patria es un destino signado por un dios sin
   dedos

una bandera para la causa de los canallas

una mano y esa cara alargando todo el desamparo
   hasta tu culpa

un muelle donde ratas huyen en barcos
   inmaculados

mi patria es un indígena ebrio en la carretera 85

una canción de josé alfredo jiménez en la rocola de
   un bar mugriento

II

I'm from a defenseless alien

country

my nation is a dead-end street

a disgusting joke of history

an imbruted fury throwing punches

at its own chest

my nation is a fate marked by a fingerless god

a flag for the cause of scoundrels

a hand and that face holding out all the
    helplessness until you feel guilt

a dock where rats flee in immaculate ships

my nation is a drunk native on highway 85

a song by josé alfredo jiménez on the jukebox of a
    grubby bar

a wooden house threatened by the cyclone of
    september

una casa de madera amenazada por el ciclón de
  septiembre

un marinero acostumbrado a navegar en barcos
  que naufragan

mi patria es un cachorro de leopardo en la jaula
  razonable

un edificio del que nadie sale ileso

unos ojos de mirar rompiendo un cuerpo

las huellas de la infamia que esos ojos no cesan de
  mirar

la verguenza   el desaliento   el odio

la alegría animal de penetrar

con el cuerpo desnudo

en la violenta desnudez de padre océano

mi patria es un tallo desde su árbol

verde y espeso de niebla

todo el añil

un mar amanecido y rompiéndose

a sailor accustomed to sailing ships that get
    shipwrecked

my nation is a leopard cub in the reasonable cage

a building from which no one left unharmed

some eyes to watch breaking a body

the footprints of infamy those eyes won't stop
    watching

shame   discouragement   hate

the animal joy of penetrating

with the naked body

in the violent nakedness of father ocean

my nation is a trunk from its tree

green and thick with fog

all the indigo

a just dawned sea breaking

a seedbed of single moons

a sweetest tweet from a bird that survives

un almácigo de lunas solas

un piar dulcísimo de pájaro que sobrevive

una canción besada sobre el vientre de los sueños
  sin futuro

inerme y rodeada por la muerte

mi patria

habla el bruto y desolado lenguaje de la espera

pero su gente ya no sueña que amanezca

porque en mi patria

la noche fue forzada a devorar al sol

a song kissed on the belly of the dreams without
    future

defenseless and surrounded by death

my nation

speaks the raw and desolate language of waiting

but its people no longer dream that morning come

because in my nation

night was forced to devour the sun

III

porque somos inermes

porque no tenemos

porque a muerte nos fue quitado

porque así dieron su daño y fuimos quietos

porque es tizne a nuestras caras

el horror y el desamparo en que nos vemos

porque a tal suerte nos hemos avenido

alegrando con cantos al Dador de la Vida

a El

que pone fuerza en los ojos

de todo lo que merece vivir

III

because we're helpless

because we don't have

because to the death it was taken from us

because that's the way they gave their harm and we
were silent

because it's smut to our faces

the horror and neglect in which we see ourselves

because to such a fate we have agreed

making the Giver of Life happy with songs

Him

who places strength in the eyes

of all that deserves to live

IV

y es que nunca fuimos dueños de nuestro destino

nunca probamos el sabor de absoluto que tiene la
 libertad

(¿estoy hablando de mi patria?)

(¿estoy hablando de mí?)

cuántos ejércitos vinieron a sitiarnos

cuántas vidas destinamos sólo a la resistencia

(estoy hablando del pasado)

(estoy hablando del presente)

mirad la salud de nuestros muertos

contemplad la devastación y la ruina

(estoy hablando a los que viven)

IV

and it was that we were never owners of our fate

we never tasted the absolute flavor that freedom
    has

(am I talking about my nation?)

(am I talking about myself?)

how many armies came to lay siege to us?

how many lives did we destine just to resistance?

(I'm talking about the past)

(I'm talking about the present)

behold the health of our dead

contemplate devastation and ruin

(I'm talking about those living)

V

óxido sobre obsidiana

que ayer no sea otra vez la huída

óxido sobre obsidiana

que en nosotros sea posible al espíritu

sostener su soledad y la nuestra

óxido sobre obsidiana

que una recia andanada de arcoiris caiga

en toda nuestra noche

V

rust over obsidian

let yesterday not be the fleeing again

rust over obsidian

that in us it be possible to sustain

the spirit's solitude and ours

rust over obsidian

that a robust broadside of rainbow fall

on all our night

de qué están hechos los días que uno se hace

por qué parece que los hizo otro que nos odia

de qué están hechas las certezas que abordas

y que te invaden sólo para destruirte

y los otros

por qué parece que estuvieran ahí

sinceramente mirándote

como si no importara

como si tu desdichada destrucción

no los alcanzara

what are the days one makes oneself made of?

why does it seem like someone else who hates us
    made them

what are the certainties you approach made of

those ones that invade you just to destroy you

and the others

why does it seem they were there

looking at you sincerely

as if it weren't important

as if your unfortunate destruction

would not reach them

ÚLTIMO CÓDICE

para JEP

II

paseabas confuso entre millones

más allá de la mitad de un siglo aterrador

ante aparadores repletos de brillantes desechos

por entre árboles de plástico   flores de neón

caminabas a un lado y aparte de los otros

la música era despedida desde el interior lujoso de
    los autos

los periódicos no lo mencionaban pero

desde alguna parte

se estaba derrumbando todo

algunos jóvenes lo sabían

y marchaban blandiendo cartelones

**inmediato desmantelamiento de arsenal
    nuclear**

alto a la industria de la muerte

LAST CODEX

for J.E.P.

II

you wandered confused among millions

beyond the half of a terrifying century

before stuffed showcases of discarded diamonds

through plastic trees   neon flowers

you walked to one side and separate from the
  others

the music was a farewell from the luxurious
  interior of automobiles

the newspapers didn't mention it but

from some place

everything was falling down

some young people knew it

and marched about holding up protest signs

immediate dismantling of nuclear arsenal

stop the industry of death

pero los cadáveres atentos

armados de odio y circulando libremente

babeaban discursos criminales

y su mirada turbia envenenaba la luz

tú paseabas inhalando el aire de la desdicha

arrojado a impotencia

sin dios   sin ti   sin nadie

caminabas

y nadie nunca estuvo tan desamparado como tú

criatura humana de este fin de tiempo

but the attentive corpses

armed with hate and circulating freely

drooled criminal speeches

and their turbid gaze poisoned the light

you wandered inhaling the air of misfortune

tossed to impotence

without god   without you   without anyone

you walked

and no one ever was as helpless as you

human creature from this end of time

III

no escuchamos la súplica de los escribas

no anidamos en las ramas doradas del sueño
no estuvimos en nosotros nunca

en infames guerras perdimos
nuestra única heredad
la tierra entera nos está perdiendo ahora

sólo sombras que habitaron hombres parecemos

III

we did not hear the plea of the scribes

we weren't nesting in the golden boughs of the
    dream
we weren't in ourselves ever

in infamous wars we lost
our only inheritance
the whole world is losing us now

we seem like only shadows that men inhabited

IV

pusieron guardias en la margen del frío

cerraron los accesos y estamos aquí

nuestras bestias han perecido

los enormes ojos abiertos

han puesto precio a los fuertemente apretados
    dientes

anunciaron que el fin llegará cuando ellos lo
    decidan

hemos perdido palabra

estamos sólo a la deriva

¿acaso esperamos el principio de todos los
    tiempos?

somos breves años

mermados nuestros hijos

¿quién heredará la furia?

han puesto guardias a la izquierda del mismo frío

IV

they placed guards on the cold's margin

they closed the accesses and we are here

our beasts have perished

their enormous eyes open

they've set a price on the strongly gritted teeth

they announced that the end will get here when
    they decide

we've lost word

we're alone adrift

are we really expecting the beginning of all times?

we are brief years

our children depleted

who will inherit the fury?

they've placed guards at the left of the very same
    cold

desdichados

allá tampoco hay nada

unfortunate ones

there there isn't anything either

XII

miro los días que nos dieron a vivir

y sólo encuentro restos de navíos en el fondo de
    una mirada

ese océano

hallé rostros arrojados a la niebla gris de una vigilia
    que no purifica

desesperaciones que se irán a pique en el horizonte
    equivocado

miro a los humanos que a mis lados sobreviven

cómo sonríen

uno podría congelarse de pavor si creyera que eso
    es la tibieza

ya nadie se ama aquí

suaves los movimientos

sin tocarse

nadie quiere salir lastimado

todos tienen miedo

XII

I look at the days that they gave us to live

and I only find ship remains at the bottom of a
gaze

that ocean

I found faces tossed to the gray fog of a vigil that
doesn't purify

desperations that will founder on the wrong
horizon

I look at the humans that survive on both sides of
me

how they smile

one could become frozen with terror if they
thought that was warmth

no one loves themselves anymore here

soft the movements

without touching each other

no one wants to come out hurt

beben alcohol

toman tranquilizantes

ven televisión

creen que se aman si poseen al otro

vivo los días que me dieron para resistir

afuera cae la tarde   la lluvia   invierno

el inalterable orden de la luz empecinándose

everyone's afraid

they drink alcohol

they take tranquilizers

they watch television

they think they love each other if they possess the
other

I live the days they gave me to resist

outside the afternoon   the rain   the winter falls

the inalterable order of light being obstinate

XIII

caída es un lugar terrible para el bípedo humano

una blanda hélice lo emerge más allá de mañana

(respiramos de la vida el aire breve

ahogándonos)

caída es siempre donde estamos

y el tiempo nuestro devorándonos

caída es el lugar diverso de la nada

caída es el almácigo

donde germinan

azules

las semillas del sueño

XIII

falling is a terrible place for a human biped
a soft fanblade emerges him farther than tomorrow
(we breathe from life the brief air
suffocating)

falling is always where we are
and our time devouring us

falling is the diverse place of nothing

falling is the bed where
blue
the seeds of the dream
germinate

porque yo fui desdichada

como todos

no buscaba vivir "por siglo y para siempre"

en la memoria de la gente

no destiné el trabajo de mis manos

a labrar una huella indeleble y mia

en los pliegues del absoluto

bebí mis sueños en las fuentes privilegiadas

del secreto compartido

y aunque pasión y talento me fueron concedidos

me faltó la esperanza que conduce

al sencillo entendimiento del amor

no logré afincar mis sueños

—los sueños de todos—

en el vientre del tiempo real

because I was wretched

like everyone

I didn't seek to live "by century and forever"
in people's memory

I didn't destine the work of my hands
to form my own indelible print
in the folds of the absolute

I drank my dreams in the privileged springs
of the shared secret

and although passion and talent were conceded me
I lacked the hope that leads
to the simple understanding of love

I didn't succeed in establishing my dreams
—the dreams of everyone—
in the womb of real time

digo que lo único que quise

fue la abolición de la desdicha

I say the only thing I wanted

was to abolish sorrow

qué nos dio a beber esa madre terrible

para sustentarnos

entre el horror y la esperanza

inermes

qué sino la leche amarga de todo el desamparo

qué nos dio la vida para amarla

sino los breves días de triunfo en el combate

contra toda la desdicha

what did that terrible mother give us to drink

to sustain us

between horror and hope

defenseless

what if not the bitter milk of all neglect

what did life give us to love it

but the brief days of triumph in the combat

against all the misfortune

para Hugo y Estela

para quienes en altamar aún velan

porque saben que la tormenta es un viejo hilacho

ondulando como un hombre solo

en la punta del más alto aullido

para los que estuvieron ahí

cuando el parteaguas era ocupado por lombrices
    ásperas

los que aún creen que la lluvia

es una necesidad intensa

en el vientre temblando

de una sensación desnuda

para los que se mantienen encima del nivel
    sombrío de la palabra

para ellos

for Hugo and Estela

for those who on the high seas still keep watch
because they know the storm is an old loose thread
rippling like a man alone
on the top of the highest howl

for those that were there
when the watershed was occupied by rough worms
those that still believe that the rain
is an intense need
in the belly trembling
from a naked sensation

for those that keep themselves above the somber
    level of the word

for them
those that still rise up against you

los que todavía levantan contra ustedes

ese maltrecho

agujereado pabellón

de todo el amor

that battered

leaky pavilion

of all the love

hemos resistido en el lado sombra de la vida

como esperando que llueva

y luego

que un hermoso arcoiris sólido y gastado

creciera desde el vientre tibio de la luz

ah   cómo quisimos entonces que amaneciera

que el ser humano encontrara su rostro

en los rostros verdaderos de los otros

ah   entonces fuimos bellos y terribles

amando y luchando con bravura

¿acaso no nos paramos de pie frente a la luz

y recibimos nuestra porción de salud?

¿acaso no permanecemos ahora

los ojos en pesadumbre

y la sonrisa amando?

we have resisted on the shadow side of life

as if hoping that it would rain

and later

that a beautiful solid and worn rainbow

would grow from the warm womb of light

ah   how then did we wish that it would become
    morning

that the human being would find his face

and the true faces of others

ah   then we were beautiful and terrific

loving and struggling with ferocity

didn't we perhaps stand in front of the light

and receive our portion of health?

don't we stay here now

our eyes in grief

and our smile loving?

que una manzana redondamente roja   dulce

caiga a las manos limpias de quienes

entre la lluvia y barcos que se van a pique

aún esperan

que la vida afirme su substancia en ellos

que su verdad resplandezca

que el animal humano adentre su raíz   su centro

en ese amanecer tan luminoso

fijado para siempre

en la memoria de la especie

may a   roundly red   sweet   apple
fall into the clean hands of those who
between the rain and boats that sink straight down
still wait

may life affirm its substance in them
may their truth shimmer

may the human animal go into its root   its center
in that so luminous dawn
fixed forever
in the memory of the species

**amábamos la humedad en la abrazada ardiente
del viento veraniego**

nuestro fue el sudor salino de los cuerpos
   adhiriéndose a la luz

nuestras tardes no se hastiaban del sol y sus
   llameantes despedidas

su esplendente arribo cada día

amábamos lo verde   lo enormemente azul y tierra
   nuestra

amábamos el día creciente

la noche adentro nuestra y el alba amábamos

cuántos ríos y arena y bordes de ciudad terrible
   amamos

cuántos sueños y esperanzas para nuestra fortaleza
   de gentes inermes

cuántas lágrimas

cuántos alaridos al cielo   viento   luz

amábamos la vida

nosotros

**we loved the moisture in the burning embrace
of the summer wind**

ours was the saline sweat of bodies adhering
    themselves to the light

our afternoons did not tire of the sun and its
    flaming farewells

its splendent arrival each day

we loved the green   the enormously blue and our
    earth

we loved the growing day

the night inside that was ours and the dawn did we
    love

how many rivers and sand and edges of awful cities
    we loved

how many dreams and hopes for our fortitude of
    helpless peoples

how many tears

how many howls to the sky   wind   light

we loved life

we

que hemos sido

sólamente

humanos

that have been

only

human

del libro

AGUAMALA Y OTROS POEMAS

1998

**CNCA, UANL, Colección Los
Cincuenta**

from the book

BADWATER AND OTHER POEMS

EN DEFENSA DE ALGUNAS ESPECIES
QUE AMENAZAN CON NO
EXTINGUIRSE

IN DEFENSE OF SOME SPECIES THAT
THREATEN TO NOT BECOME EXTINCT

MOSQUITOS

los mosquitos harían cualquier cosa

para probar que son superiores a las abejas

pero los pétalos de esa flor

cuyo néctar les enloquece

los aplastan antes de que se opere el milagro:

la transformación de la sangre en vino

MOSQUITOS

mosquitos would do anything
to prove they're superior to bees

but the petals of that flower
whose nectar drives them crazy
crushes them before the miracle can happen
the transformation of blood into wine

RATAS

a las ratas les gusta:

viajar en barco

el empaque de las estufas

el queso añejo

las tortillas y el pan (duros)

los chicharrones de puerco

y la gente (cuando no hay más)

RATS

rats like:

to travel by boat

stove gaskets

old cheese

tortillas and bread (gone stale)

pork rinds

and people (when there's nothing else)

POLILLA

"la polilla que vive en los libros

—dice el poeta— se me parece

ella también necesita devorar

kilos de palabras

para que le salgan alas"

MOTH

"the moth that lives in books,"
says the poet, "is like me
it also needs to devour
tons of words
to sprout wings"

MOSCAS

la mosca sólo cuenta con sus alas

para defenderse

(quizá esa sea la única razón

por la que los hombres

se sientan obligados a matarla

personalmente

en cuanto aparece)

FLIES

the fly only has its wings
 to defend itself
(maybe that's the only reason
why men
feel obligated to kill it
personally
as soon as it appears)

ARAÑAS

la mayoría sólo arañamos

el triunfo

la dicha

la posibilidad de ser amados

la piel de la verdad

y con eso nos basta

(a las arañas no)

SPIDERS

the majority of us just scratch at

triumph

happiness

the possibility of being loved

the skin of the truth

and for us that's enough

for the spiders, it's not

PULGAS

si no hubieran existido las pulgas

quién sabe cuánto habría demorado

el perfeccionamiento del dedo oponible

que nos humaniza

FLEAS

if fleas hadn't existed
who knows how long it would have taken
to perfect the opposable thumb
that makes us human

VÍBORAS

ya nadie teme a las víboras

y no es por los antídotos

es por Freud

SNAKES

now no one's afraid of snakes

and it's not because of the antidotes

it's because of Freud

CHINCHES

a las oficinas de censura cinematogáfica

ha llegado un telegrama

el texto dice:

irreversiblemente asqueadas

abandonamos salas de los cines

demasiada sangre en las pantallas

¿eternamente? en el exilio:

        las chinches

BEDBUGS

at the movie censorship offices

a telegram has arrived

it says:

irreversibly nauseated

we're abandoning all movie houses

too much blood on the screens

eternally? in exile:

the bedbugs

AGUA BENDITA

para que las piernas del domingo recobren su
    lujuria
haría falta que los globos de colores en las plazas
encontraran a su niño triste

que los policías se arrojaran jubilosos
a las frescas aguas de las fuentes

que los músicos de la banda se desnuden
en una obertura *molto vivace*

y que en las bancas haya surtidores invisibles
de caricias como de aire

que la catedral sea emplazada a huelga
y los vendedores de rosarios hagan penitencia
regalando dulce pulpa

HOLY WATER

so that sunday's legs might regain their lust
the colored balloons of the plaza must
find their sad child

the police throw themselves joyfully
into the cool water of the fountains

the musicians of the band strip themselves naked
in a *multo vivace* overture

and on the benches there must be invisible
    dispensers
of caresses like of air

the cathedral must go on strike
and the sellers of rosaries do penance
handing out sweet pulp
all that love must kiss and all must love

que todos los que aman besen y que todos amen

que las bicicletas sustituyan a los autos

y que apenas vayamos fatigados y cantando

por las escaleras del lunes

bicycles must substitute cars

and we must barely go fatigued and singing

along monday's stairs

OSO CON POEMA ADENTRO

para el Cronopio

el oso un día se encierra en su pelambre espesa

y no está para nadie

el oso procede así

cuando siente que el frío afuera es insoportable

al oso no puede preocuparle

que su prolongado aislamiento

le haga perder algunas amistades

él sabe que ésta es una cuestión

en la que está de por medio

lo que el oso guarda pelambre adentro

sus amigos lo entienden

y a veces

sin dejar de quererlo

lo envidian

BEAR WITH POEM INSIDE

for the Cronopio

one day the bear shuts itself up in his thick fur
and is not there for anyone
the bear proceeds this way
when he feels that the cold outside is unbearable

the bear cannot be worried
that his prolonged isolation
makes him lose some friendships
he knows that this is a question
which involves
what the bear keeps below fur

his friends understand him
and sometimes
without stopping loving him
they envy him

AGUA MARÍA

para María, mi hermana

I

la conocí
cuando estaba polveándose ante el espejo

se había puesto el vestido más azul de la época
y el sol no podía sino brillar fuertemente
en la humedad de sus labios
esa mañana

el verano maduraba
en las bardas despintadas del puerto
(diez calles mal pavimentadas
unos cuantos cines   el muelle
trenes para irse
y el tranvía amarillo que llegaba al mar)

MARÍA WATER

for María, my sister

I

I met her

when she was putting on powder before the mirror

she had put on the bluest dress of the age

and the sun could only shine strongly

on the moistness of her lips

that morning

summer matured

on the faded walls of the port

(ten badly paved streets

a few movie houses   the dock

trains to leave on

and the yellow streetcar that reached the sea)

y todo era tan nítido

tan sorprendente

como la rapidez de sus manos bellas

tecleando en la olivetti negra

and everything was so clear

so surprising

like the speed of her beautiful hands

typing on the black olivetti

II

una tarde

en una esquina de la calle aduana

pudo verse cómo crecía la Belleza

el sol resplandecía en los ojos   en los dientes

en el cuerpo delgado y arrogante

nadie

nunca

ha sido más hermosa que ella

sonriéndole a él

que atraviesa la calle

con toda la tibieza del verde en sus ojos

mirándola y sonriendo

esa tarde de domingo

II

one afternoon
on a corner of aduana street
she could see how Beauty grew

the sun shown on her eyes   on her teeth
on her thin and arrogant body

no one
ever
has been more beautiful than her
smiling at him
who crosses the street
with all the warmth of the green in his eyes
looking at her and smiling
that sunday afternoon

AGUA ABAJO

A Elizabeth Bishop

hacía mucho que no veía llorar a un hombre

¿cuánto hace que vi llorar a alguien?

nunca vi llorar a nadie así

como a ese desconocido que bajó de la banqueta

y apoyó su cara contra el pecho de un adolescente

que sintió vergüenza por el hombre adulto llorando

frente a todos

¿hacía falta que alguien llorara

a mitad de diciembre

a un lado de la banqueta

apoyado contra el pecho de un hombre joven?

no había cadáveres cerca   ni incendios

no había heridos   no había un solo policía al que
    culpar

DOWNWATER

to Elizabeth Bishop

it had been a long time since I'd seen a man cry
how long has it been since I've seen someone cry?
I'd never seen anyone cry like that
like that stranger that got down from the sidewalk
and leaned his face against the chest of a teenager
who felt ashamed for the grown man crying
in front of everyone

was it necessary for someone to cry
in mid-december
at one side of the sidewalk
leaning against the chest of a young man?

there weren't any dead bodies near   or house
      fires
there weren't any wounded   there wasn't a police
      officer around to blame

el adolescente permanecía erguido

sin consolar al que lloraba

el hombre no despegaba la cara del pecho y gemía

ésta es la historia del hombre que lloró en la vía
    pública

ésta es la elegía de unos cuantos que viéndolo

sólo atinaron a apartar la mirada

ésta es la vergüenza del adolescente que prestó su
    pecho

a un hombre adulto

para que escondiera allí

su rostro en desdicha

the teenager stood up straight

without consoling the one crying

the man didn't lift his face from the chest and
  moaned

this is the story of the man that cried in the public
  thoroughfare

this is the elegy of the few that seeing him

only managed to look away

this is the shame of the adolescent who lent his
  chest

to a grown man

so he could hide there

his face in sorrow

AGUA MÓVIL

por A. Breton

el pez es una foto que miente

una foto no es una cuestión de espejos

el pez desde tu foto no es una salida cómoda

es más bien un diente

una complicada explicación de la rosa

(¿abriría usted esa ventana para mí?)

un grosor de saliva

(lo sabes)

a la puerta cerrada

MOVING WATER

for André Bretón

the fish is a photo that lies

a photo is not a question of mirrors

the fish from your photo is not a comfortable exit

it's more of a tooth

a complicated explanation of the rose

(would you please open that window for me?)

a thickness of saliva

(you know it)

to the closed door

VÍA DE AGUA

para Luis Cardoza y Aragón

el tranvía amarillo

traqueteante en la gris mañana

de un puerto

sus horizontes marinos

no para ti

arrojado a las turbias ciudades

a los rostros de pétrea avidez

el tranvía amarillo

a los hombres

mojados por la sucia sangre

de ese sueño

donde cabe

toda la alegría   la angustia

el aliento de estar vivo

en estos años

WAY OF WATER

for Luís Cardoza y Aragón

the yellow streetcar

rattling in the gray morning

of a port

its marine horizons

not for you

thrown to the foul cities

to the faces of stony avarice

the yellow streetcar

to the men

wet with the dirty blood

of that dream

where there's room for

 all the happiness

the anguish

the impulse of being alive

in those years

AGUACERO

¿nos hundiremos, ma?

en el horizonte

la nube algodonosa guerreaba contra el viento

no obstante

la vida era una luz a oscuridad de muerte

a gritos

recobrada

¿nos hundiremos, ma?

la gente parecía como de carne real

pero atrás de cortinajes vivamente grises

la sensación de estar creciendo

—en casas   en autos   en cualquier maldito lugar—

hacia ninguna parte

¿nos hundiremos, ma?

y había flores de polietileno

un perfume de todos los cementerios encima

todas las ventanas

sus manos despidiendo posibilidades

DOWNPOUR

will we sink, ma?

on the horizon

the cottony cloud battled against the wind

nevertheless

life was a light at darkness of death

by shouts

recovered

will we sink, ma?

the people seemed of real flesh

but behind the vividly gray curtains

the sensation of growing

—in houses   in cars   in whatever damned
     place—

towards nowhere

will we sink, ma?

and there were polyethylene flowers

a perfume of all the cemeteries pervasive

all the windows

¿nos hundiremos, ma?

y el poema era ese atroz que te arrojaba en ti

esa estancia abrumada por espejos

¿nos hundiremos, ma?

emprendiendo el gesto del asombro

mal siglo para despertarse

y hay un grito de faro antes del derrumbe

their hands saying goodbye to possibilities

will we sink, ma?

and that poem was that atrocity that you threw in
yourself

that room overwhelmed by mirrors

will we sink, ma?

taking on the expression of awe

a bad century to wake up

and there's a shout of a lighthouse before the
collapse

AIRE LOCAL

me iré

lejos de este pueblo triste y podrido

me voy

no es la mejor época del año

ni el mejor año de la época

pero me voy

partiré conmigo sólamente

y ya excesiva la carga

perderé mis años de seguir aquí

qué alegría

me voy

LOCAL AIR

I'll go
far away from this sad and rotten town
I'm leaving

it's not the best time of the year
nor the best year of the time
but I'm leaving

I'll leave with just me
and the cargo's already excessive

I'll lose my years of continuing here

what happiness
I'm leaving

LOS POBRES DEL MUNDO PREGUNTAN

qué nos tocó del sueño

de las manos que era necesario haberse

para jalonarlo

qué supimos por amor

qué de la piedad

qué por gozo

qué nos fue dado saber de la espera

(ese resplandor que nos retiraría la noche

para dejarnos tibios a merced del alba)

qué nos fue dado conocer de la noche

si no fue nuestra nunca

la perfección del día creciente

THE POOR OF THE WORLD ASK

what was ours of the dream

of the hands that were needed to exist

to pull it closer

what did we know of as love

what of pity

what of as joy

what was given to us to know of waiting

(that radiance that night would take away from us

to leave us warm at the mercy of the dawn)

what was given to us to know of the night

well it wasn't ours ever

the perfection of the growing day

SALDO DEL MILENIO

bienaventurados los que esperan sin esperanza
porque ellos construirán
el paraíso que nos es posible

THE BALANCE OF THE MILLENIUM

blessed are those who wait without hope

for they will build

the paradise that's possible for us

AGUA FIRME

aunque de nada sirva gritar

que tú y yo

hicimos de la vida

un sitio demasiado hostil para la vida

aunque ya no quede nada por decir

y no me salve

ni tú

aunque vengan a decirme

que la poesía no importa

aunque no importe

SOLID WATER

though it does no good to shout
that you and I
made life
a too hostile place for life

though there's nothing left to say
and it doesn't save me
or you

though they come to tell me
that poetry doesn't matter

though it doesn't matter

AGUAJE

todavía hay quien recomienda prudencia

cuando arden en el cielo

enteros

los destinos personales de todos

pero aún habrá entre los nuestros algunos

que desoyendo

ciertamente riéndose

vayan y vean

y venzan

para hacer vivir

en nuestros abatidos vientres

el latido inmenso de la luz

TIDEWATER

there are still those who recommend prudence
when in the sky the personal
fates of everyone
are completely burning

but there still will be among our people some
that disregarding
certainly laughing
go and see and
conquer
to make live
in our vanquished bellies
the immense beat of the light

AGUAMAR

con mi vida hice un poema

sin rima

casi sin medida

intentando un ritmo de época

que me movió

y me puso al centro de la canción

temblando

viva y feroz

casi feliz

SEAWATER

with my life I made a poem

without rhyme

almost without meter

trying out a rhythm of the age

that moved me

and put me in the center of song

trembling

alive and fierce

almost happy

AGUA MAREA

si soñaste
si osaste—aterida y húmeda—amar
si lloraste y deveras harta
lograste sonreir

si estuviste aquí
dispuesta para la vida
con las armas en alto
si aprendiste a defender la porción de sueño
que nos es posible jalar a tierra firme

si es de noche y aún bailas
porque siempre ha de llegar
el amanecer espléndido

si estás viva
éste es tu poema y el mío

HIGH WATER

if you dreamt
if you, girl, dared—scared stiff and moist—to love
if you cried and truly fed up
succeeded in smiling

if you were here
ready for life
with your weapons held high
if you learned to defend the portion of dream
that's possible for us to pull to solid ground

if it's night and you still dance
because the splendid dawn
will always arrive

if you, girl, are alive
then this poem is yours and mine

AGUANIEVE

parada ahí

entre la calle y la noche

a mitad de la esperanza

supe

que el mundo

no estaba preparado para darme otra cosa

que un baño de realidad helada

sin miramientos

SLEET

standing here

between the street and the night

halfway to hope

I knew

that the world

was not prepared to give me anything else

than a bath of freezing reality

without consideration

AGUA SUCIA

en honor de Muhammed Alí

(y de No'Min, por supuesto)

cuando uno tiene un pasado insoportable

uno no tiene poder alguno sobre él

está ahí

como un bulto de ropa sucia

que ningún detergente conseguirá limpiar

uno se equivoca si cree que puede

esconderlo huirle quemarlo olvidarlo

escupirlo al rostro de otros

uno sólo puede intentar enfrentarlo

sabiendo que será muy duro

que habrá momentos en que uno se sentirá

como el boxeador que ha gastado sus mejores
    golpes

DIRTY WATER

in honor of Mohammed Ali
(and of No'Min, of course)

when one has an unbearable past
one has no power over it
it's there
like a bundle of dirty clothes
that no detergent will get clean

one's wrong if they believe that they can
hide it   run from it   burn it   forget it
spit it in the face of others

you can only try to confront it
knowing it will be very hard
that there will be moments when one will feel
like a boxer who has spent his best blows
and can't do anything else but

y ya no puede otra cosa

que abrazarse a su contrincante

mientras éste lo golpea

hug his opponent

while the guy hits him

AGUAVIENTO

se pierde una esperanza

momentos antes de saberlo

y en la sacudida

el edificio de una vida se desploma

comunmente afuera llueve

(y adentro no queda nadie vivo)

WINDWATER

a hope is lost

moments before knowing it

and in the shock

the building of a life tumbles down

usually outside it's raining

(and inside there's no one left alive)

AGUA DEL CIELO

una vez el arcoiris sería inminente

esta vez el suelo no cedería bajo el peso de todo el
    cielo

quién se atreve a desechar un sueño que ha crecido

la tierna rabia de todos

aún nos pertenece la tierra

la parte de cielo que nos sustenta

aún estamos secos

y esperando

la lluvia de luz del sueño

WATER FROM THE SKY

one time the rainbow would be imminent

one time the ground would not cede under the
    weight of all the sky

who dares to throw out a dream that has grown

the tender rage of everyone

the earth still belongs to us

the part of the sky that sustains us

we're still dry

and waiting for

the rain of the dream's light

EL SERMÓN DEL ARENQUE

en honor de T. S. Eliot

sólo si comienza abril

mar adentro en brumas salta

retoza el arenque reluciente y

pide anzuelo para sacudirse el agua

su condena

apenas el bronceado pescador

extiende alegremente el hilo viento abajo

donde el agua

ya el arenque está prendiendo y

valsa y

tira del cordel

el aire le recibe con un beso áspero

cómo escapar de

esa tenaza cosquilleante que

THE SERMON OF THE HERRING

in honor of T. S. Eliot

only if april begins

out to sea in the mist

the gleaming herring jumps frolics

and begs for the hook to shake off the water

its prison

the tanned fisherman just

happily extends the line downwind

where the water is

already the herring grasps and

waltzes

and pulls on the cord

the air receives it with a rough kiss

how to escape from

that tickling claw that

le ahoga

y protesta branquiando
ojidesbordándose
"no era eso, no; no era eso en modo alguno"

amargo
de su boca circular y
minúscula
sale disparado un trocito de
su fin de suerte

drowns it

and protests its gills gasping

eyes-popping

"no it wasn't that it wasn't that at all"

bitter

from his circular and tiny

mouth

shoots out a small piece

of his luck's end

AGUAMALA

una vez respiré el aire del mundo a través de su
    sangre

cuando le pedí que no me derribara cada vez

que lograba ponerme en pie

le estaba diciendo que quería respirar por mi
    cuenta

(esa vez era mi vida lo que estaba en juego)

una vez quise amarla en un poema

me faltó misericordia   me sobró dolor

me quedé sin habla

lo he dicho de mil maneras

si no he sido culpable

quién me marcó los ojos

y me arrojó a la angustia

que es vivir en la palabra

una vez quise cambiar mi vida

BADWATER

once I breathed the air of the world through her
    blood

when I asked her not to knock me over each time

I succeeded in standing up

I was telling her that I wanted to breath on my
    own

(that time it was my life that was at stake)

one time I wanted to love her in a poem

I lacked mercy   I had more than enough pain

I ended up speechless

I've said it a thousand ways

if I haven't been guilty

who marked my eyes

and threw me to the anguish

that is to live in the word

once I wanted to change my life

me pinté lunares   me obsequié una flor amarilla

me descalcé y salí a la lluvia

dispuesta a intentarlo todo

lo he dicho de tres maneras

lo he creído en todo tiempo

no nací para perderme

una vez fue necesario un último balance

estaba harta   tenía frío y me sentía tan alegre

que creí que moriría muy pronto

esa vez hice una carta

una larga y lamentosa carta

dirigida a usted

a quien debo la vida y otras cosa

eran palabras mías para usted

para mi hija

para los hombres

que tan mal nos han amado

I gave myself beauty marks   I gave myself a
    yellow flower

I kicked off my shoes and went out in the rain

ready to try everything

I've said it three ways

I've believe it at all times

I wasn't born to lose myself

once it was necessary to make a last accounting

I was sick of things   I was cold   and I felt so
    happy

that I believed I would die very soon

that time I wrote a letter

directed to you, ma'am

to whom I owe life and other things

they were my words for you

for my daughter

for the men

cuando la terminé pude vernos

sólo entonces intenté aprender a amarla

aunque usted no pueda

porque usted no lee cartas

y yo no sirvo para otra cosa

que para hablar conmigo misma

that have loved us so badly

when I finished it I could see us

only then did I try to learn to love you

although you can't

because you don't read letters

and I'm not good at anything else

except talking to myself

EL POEMA

porque yo fui una mujer como algunas

(pocas)

que accedió a las alturas

(con pena y escondiendo los pies)

que tocó a las puertas del cielo

y para su desdicha se abrieron

yo que fui entre los humanos como un dios

temblé

allí hay nada   nadie

bajé aterrada al suelo firme

y anduve por ahí

atravesando mi época

con el largo sable del asco en las manos

porque yo amé los rostros

donde el odio iba dejando su lumbre

THE POEM

because I was a woman like some

(few)

that gained admission to the heights

(embarrassed and hiding my feet)

who knocked on the doors of heaven

and to her misfortune they opened

me who among humans was like a god

trembled

there there's nothing   no one

I descended terrified to solid ground

and went about there

going through my age

with the long saber of loathing in my hands

because I loved the faces

where hate would leave its flames

y hubiera lamido ese anti-sueño

si mi propia sequedad no le hubiera deparado

el desprecio que me sustentaba

quise entonces arrimarme a la palabra

entibiarme el pecho con el fuego blanco

que contiene el poema

pero

digo

qué poema podría sobrevivir

con ese fracaso como sostén

yo que he camindo la razón al revés

he amado porque odio es siempre el más fuerte

y porque no he olvidado el costo de una redención

and I would have licked up that anti-dream

if my own dryness hadn't provided it

the disdain that sustained me

I wanted then to approach the word

to warm up my chest with the white fire

that the poem contains

but

I say

what poem could survive

with that failure as a support

I who have walked reason backwards

have loved because hate is always the strongest

and because I have't forgotten the cost of a
    redemption

PROBANDO LOS FRUTOS ÁCIDOS
DEL ÁRBOL DE LA VIDA

nunca tan joven como para merecer un sueño

cualquiera empieza ahora a destruir los mapas

no quien ha caminado cerca y a un lado

de todo paraíso

¿huir?

no

permanecer acaso como aquel que se halla sin
    salida

(una forma de mirar que ya no se usa)

¿hay alguna ventana que dé al lado sol del futuro?

por si no amanece en el lado sombra de la gente

que merezca su destino

olvidable y de todos

TASTING THE SOUR FRUITS
OF THE TREE OF LIFE

never so young as to deserve a dream

anyone begins now to destroy the maps

not who has walked close and to one side

of every paradise

to flee?

no

to stay perhaps like that one who finds themself
    without an exit

(a way of looking that's out of use)

is there a window that opens out into the sun side
    of the future?

in case it doesn't become morning on the shadow
    side of people

that deserve their fate

forgettable and belonging to everyone

TODOS VAN A ESTAR DE ACUERDO EN

que no se puede sufrir aplicadamente en este
    tiempo

un hombre   una certeza de mujer   son

una semi-carcajada

arrojando granizo sintético

a la intención de entibiarte

y es que

quién de ustedes podría sonreir

sin mostrar la sonrisa cariada

por la coca cola

o basura similar

a ver

quién de ustedes no ha exudado

glutamato monosódico

quién no ha meado cloro

EVERYONE'S GOING TO AGREE THAT

one can't suffer in a meticulous way nowadays

a man   a certainty of woman   are
a half a burst of laughter
throwing synthetic hail
at the intention of warming you up

and it's that
who of you could smile
without showing your smile rotted out
by cocacola
or some similar trash

let's see
who of you hasn't exuded
monosodium glutamate
who hasn't pissed bleach
in genocidal proportions

en proporciones genocidas

pero ya está escrito:

lavarás tu culpa

con detergente biodegradable

y ni así hallarás reposo

but it's already written:

you will wash your guilt

with biodegradable detergent

and not even that way will you find rest

POEMA SIN GRIEGOS

para K. Kavafis

un griego es un griego

no

un griego es lo que un griego fue

(un poco antes de Jesucristo

desde luego)

eso se decía ella para consolarse un poco

para explicarse un poco

la ausencia de Belleza en esos días

Marlon Brando es lo más cercano a un griego

que hay ahora

que ya no hay griegos

ella amaba a Brando casi tanto como a los griegos

y lo amó aún más

cuando hubo paseado los restos de su esperanza

POEM WITHOUT GREEKS

for K. Kavafis

a Greek is a Greek

no

a Greek is what a Greek was

(a little before Christ

of course)

that's what she told herself to console herself a
    little

to explain to herself a little

the absence of Beauty in those days

Marlon Brando is the closest thing to a Greek

there is now

that there aren't any Greeks

she loved Brando almost as much as she did
    Greeks

and she loved him even more

por los muelles del puerto

y sólo encontró ratas indiferentes a la nacionalidad

de las embarcaciones que abandonaban

ella lo asumió con el peor de sus resentimientos

un griego es un griego o lo fue

un día lo dijo en un poema

pero no había remedio contra eso

un griego es un griego

ya se ha dicho

pero ¿cómo fue que se extinguieron?

la estatua de un griego no es un griego

un griego de ahora no es un griego

o ¿sí?

Homero sabía algo de eso

y también Fidias

ah   los escultores siempre los muestran saturados
    de *TO KALON*

probablemente porque los artistas siempre han
    mentido

mientras más piadosamente lo han hecho

when all the remains of her hope had walked
    around

the docks of the port

and only found rats indifferent to the nationality

of the ships they abandoned

she assumed it with the worst of her resentments

a Greek was a Greek or was one

one day she said it in a poem

but there was no remedy against that

a Greek is a Greek

it's already been said

but how was it that they became extinct?

the statue of a Greek is not a Greek

today's Greek is not a Greek

or is he?

Homer knew something about that

and Fidius too

ah sculptors always show them saturated with TO
    KALON

probably because artists have always lied

mayor ha sido su gloria entre los hombres

así lograron algunos la inmortalidad

¿pero los griegos?

¿y ellos?

pienso en Lourdes y su curso intensivo para tomar
    café

sin que gotee el borde por donde se bebe

debe ser extenuante

pobres de nosotros

a dónde iremos a buscar la vida

la dicha   el honor   la fama

o la simple serenidad después del gozo sensual

si ya no hay griegos en ningún lado

y la ciencia

qué ha sido la ciencia después de los griegos

y el amor

el amor en el planeta se ha tornado

mezquino comercio entre sexos ávidos

que son groseramente satisfechos

cuando los griegos amaban

the more piously they've done it

the greater their glory among men

that way some of them reached immortality

but the Greeks?

them?

I think of Lourdes and her intensive course on
    how to drink coffee

without spilling a single drop from the rim

it must be exhausting

poor us

where will we go to search for life

joy   honor   fame

or the simple serenity after sexual pleasure

if there are no Greeks anywhere

and science

what has science been after the Greeks?

and love

love on the planet has turned

a stingy commerce between avid sexual organs

that are coarsely satisfied

¿será cierto que el Olimpo entero

se regocijaba trémulo?

¿dónde fueron a meterse esos griegos?

porque los de ahora

triste suerte la de ellos

nadie piensa al verlos: he allí un griego

eso debe ser tan horrible

como lo que ella siente

cuando mira al Zeus de Fidias

y sabe que nunca ha habido griegos

when the Greeks loved

could it be true that Olympus

rejoiced trembling?

where did those Greeks get to?

because the ones of today

bad luck theirs

no one thinks when looking at them: behold, a
  Greek

that must be horrible

like what she feels

when she looks at Zeus by Fidius

and knows there never have been Greeks

AGUA EGEA

que los poetas

somos descendientes directos de los griegos

lo prueban nuestra incurable buena vista

herencia eleata

nuestra nostalgia por helena

y esas hojas de laurel con que a veces se nos premia

si todo eso no resulta convincente

bastaría remitirse al obstinado empeño

que ponemos en la palabra

para confirmar

que nadie se baña dos veces en el mismo río

sea griego o no

y aunque esté ciego

AEGUS WATER

that the poets

are direct descendants of the greeks

can be proved by our incurable good eyesight

eleatic heritage

our nostalgia for helena

and those laurel leaves that they sometimes award
us with

if all that doesn't work to convince you

it would be enough to remit you to the obstinate
resolve

that we put in the word

to confirm

that no one bathes twice in the same river

whether you're greek or not

and although you're blind

A NORTHERN SONG

put your life encima de este nunca, babe
gray horizon para each of one
y el splendorous sunshine del dream?
¡con qué ojos, ése!

A NORTHERN SONG

put your life on top of this never, *babe*

gray horizon for *each of one*

and the *splendorous sunshine* of the *dream*

with what eyes, that!

GOLPE DE AGUA

suelta ese costal de polvo gris   hey

tira un golpe

duro y bien

mételo (tú sabes cómo)

en el maxilar derecho

de la desesperanza

PUNCH OF WATER

let go of that sack of gray dust   hey

throw a punch

hard and well

land it straight (you know how)

on the right jaw

of despair

AGUAVIVA

con tragos espesos de su noche

el siglo alimenta a los poetas

que a través de su sangre se restaure

sea preservado

el aire luminoso de los sueños

LIVEWATER

with thick drinks of its night

the century feeds poets

that through its blood it restore itself

be preserved

the luminous air of dreams

RUIDO DE AGUA

si ahora pronunciara un solo de color aullante

y si desa luz

un poema hubiera tersa terquedad de

¿te lo digo?

tú canta

si eso madurece en la rama del jovo creciente

y esa luz en la mañana estalla en labios

que dulces y agria sacudida desde el vientre

ruda la vida testaruda

sabe

y no se calla

(ya puedes aullar tu poema)

WATER NOISE

if now I were to pronounce a single one of howling
    color

and if from that light

a poem would be smooth stubbornness of

do I tell you?

you, sing

if that matures on the branch of growing cedar
    fruit

and that light in the morning bursts on lips

that sweet and sour shaken from the womb

hard that hardheaded life

it knows

and it doesn't keep quiet

(now you can howl your poem)

AGUARDIENTE

salvo que esté viva y no importe

o que esté sola y llegue el tiempo de mirar

los caminos que la mano ha recorrido

salvo que sea la desolación

una forma de abrirse al mundo

que entre ya la arena de la risa en la sangre

que cale la mirada en la espesura ardiente de la vida

salvo que esté saliendo de mi respiración

toda la luz que recibí para que crezca el sueño

esto es

que la esperanza ya no sea

esa lumbre lenta y central a la que me arrimo

para seguir aquí

despierta y en armas

MOONSHINE

unless I'm alive and it doesn't matter

or I'm alone and the time has come to look at

the roads that the hand has gone by

unless desolation be

the way to open oneself to the world

and the sand of laughter now enter the blood

and the gaze seep into the burning thickness of life

unless out of my breathing comes

all the light I received so the dream could grow

that is

that hope no longer be

that slow and central fire that I draw close to

to continue here

awake and armed

AGUAPALABRA

negritud de la palabra al verso

rumba y samba en el alma

oh dios

déjame arrimarme ahí

donde el fuego blanco del poema

entibia pechos

WORDWATER

negritude of the word to the verse

rumba and samba in the soul

oh god

let me approach there

where the white fire of the poem

warms one's breast

AGUA ARRIBA

quien sea que mire

hacia esta dirección

donde un velero se desliza

alegre y esforzadamente

corriente arriba

—dije quien sea—

puede disfrutar del espectáculo

pero nada le autoriza a extraer

conclusiones apresuradas

UPWATER

whoever might look

in that direction

where a sailboat slips

happily and forcefully

up current

—I said whoever—

can enjoy the spectacle

but nothing authorizes him to draw

hasty conclusions

LA POETA PORTEÑA DECLARA

yo no canto al mar

pero

es el golpe de su oleaje

lo que sacude

las extenuadas orillas

de todos mis poemas

THE PORT TOWN POET DECLARES

I don't sing to the sea

but

it's the blow of its waves

that shakes

the exhausted shores

of all my poems

UN POEMA

si escribí

si me hallé

si ésta es mi cara y sólo yo la reconozco

si capitulé

y derrumbándome en la arena

de un litoral sin sobresaltos

me he reído

si teniendo compasión de mí

me arrojé con ropa al feliz oleaje

si he logrado salir entera

y húmeda aún he vuelto a tierra firme

si nada de eso tiene que ver con la poesía

y sí conmigo

—aunque no sea cierto   aunque haya ocurrido—

si a nadie en verdad le importa

de cualquier manera

viva el personaje

A POEM

if I wrote
if I found myself
if this is my face and only I recognize it
if I capitulated
and collapsing in the sand
of a coast without sobresaltos
I've laughed
if feeling compassion for myself
I threw myself clothed into the happy waves
if I've succeeded in coming out whole
and wet still I'm come back to solid ground
if nothing about that has to do with poetry
but rather with me
—although it isn't true   although it did happen—
if it really doesn't matter to anyone
anyway
long live the character

AGUA DE USO

he pagado con vida
cada línea del poema

ese crecimiento doloroso   alborozado de la luz
fue mi pasión y mi esperanza
la porción del sueño que me sustentó mientras viví

USEFUL WATER

I've paid with life
each line of the poem

this painful growth   ecstatic with light
was my passion and my hope
the portion of the dream that sustained me while I
    lived

AMARILLISMO

a ocho columnas

en primera plana:

Hallan el Cadáver de un Sueño no Identificado

YELLOW JOURNALISM

eight columns wide

on the front page

FOUND: THE CORPSE OF AN UNIDENTIFIED DREAM

AGUA DIURNA

no poeta

si acaso
una falena abandonando la noche
y desmoronándose polvosa
contra las paredes del día

DAILY WATER

no poet

maybe perhaps
a phalaena abandoning the night
and dusty crumbling itself
against the walls of the day

AGUA QUIETA

estas manos ya han metido

suficiente ruido

entre las líneas

STILL WATER

these hands have already stuck

enough noise

between the lines

INDICE

TABLE OF CONTENTS

from the book *Our Days Were Not the Epic of Those Years*

LA PROPOSICION INDECOROSA DE LA PROSA

del libro *Litoral sin sobresaltos*

del libro *Para quienes en altamar aún velan*

del libro *AGUAMALA Y OTROS POEMAS*

THE INDECOROUS PROPOSITION OF PROSE

from the book *Calm Coastline*

from the book *for those who on the high seas still keep watch*

from the book *BADWATER AND OTHER POEMS*

Bric-a-Brac

Press